Edna Xenofonte Leite

Die Ausbildung von Erzieherinnen und Erziehern im Studiengang Pädagogik

Edna Xenofonte Leite

Die Ausbildung von Erzieherinnen und Erziehern im Studiengang Pädagogik

Zurückgelegte Wege

ScienciaScripts

This book is a translation from the original published under ISBN 978-613-9-64523-7.

Publisher:
Sciencia Scripts
is a trademark of
Dodo Books Indian Ocean Ltd. and OmniScriptum S.R.L publishing group

120 High Road, East Finchley, London, N2 9ED, United Kingdom
Str. Armeneasca 28/1, office 1, Chisinau MD-2012, Republic of Moldova, Europe
Printed at: see last page
ISBN: 978-620-7-38427-3

Ich widme dieses Buch meinen Kindern Erik und Sara, weil sie wunderbare Kinder sind, meinen Eltern für alles, was sie mich gelehrt haben, und meinen Freunden, insbesondere Rita Oliveira, Eloisa Passaro und Mirela Maximo. Ich danke euch allen!

Zusammenfassung

Vorwort

Die pädagogische Arbeit im Bereich der frühkindlichen Erziehung ist in diesem Land neu und erfordert von Forschern, Lehrern und allen, die in diesem Bereich tätig sind, ein ständiges Nachdenken über den pädagogischen Prozess der frühkindlichen Erziehung. Dies erfordert ständige Forschung und Studien, da wir auf diese Weise zur Verbesserung der ersten Stufe der Grundbildung beitragen.

In diesem Buch berichten wir über die Forschung, die in Form einer Monographie als Voraussetzung für den Erwerb des Titels eines Spezialisten für frühkindliche Erziehung an der Bundesuniversität von Ceara - UFC - durchgeführt wurde, in der wir einige Überlegungen und Reflexionen darüber anstellen, wie die Ausbildung von Erzieherinnen und Erziehern an der Regionalen Universität von Cariri - URCA - in der Zeit vor den vom Nationalen Bildungsrat - CNE - durch den Beschluss Nr. 1 von 2006 vorgeschlagenen Reformen, die die Pädagogikstudiengänge auf nationaler Ebene verändern, stattgefunden hat.

Die Untersuchung wurde vorgeschlagen, um die Praxis der Erzieherinnen und Erzieher und die verschiedenen Perspektiven der Ausbildung von Erzieherinnen und Erziehern im Studiengang Pädagogik an dieser Einrichtung zu verstehen, und auf der Grundlage der gefundenen Daten war es möglich, eine Analyse der in diesem Studiengang angebotenen Ausbildung und der Veränderungen vorzunehmen, die seit der Neuformulierung der Pädagogikkurse stattgefunden haben.

Die Teilergebnisse lassen den Schluss zu, dass der Studiengang Pädagogik an der URCA die Ausbildung zur Erzieherin noch immer vor große Herausforderungen stellt, die es zu bewältigen gilt, wenn es um die Angemessenheit der Qualität der Ausbildung zur Erzieherin geht.

Edna Xenofonte Leite

1. Einführung

Die frühkindliche Bildung hat Ende der 1980er Jahre mit dem Erlass der Bundesverfassung von 1988 einen großen Sieg errungen, da zum ersten Mal die Bildung von Kindern im Alter von null bis sechs Jahren zu den Aufgaben des Staates im Bereich der Bildung gehört (Artikel 208). Das Kinder- und Jugendgesetz (KJHG) bekräftigt diese Verpflichtung in Artikel 54, in dem es heißt, dass es Aufgabe des Staates ist, die "Betreuung von Kindern von null bis sechs Jahren in Kindergärten und Vorschulen" sicherzustellen. Im Gesetz über die Richtlinien und Grundlagen des nationalen Bildungswesens - LDB, Gesetz 9394/96, erscheint die frühkindliche Bildung als erste Stufe der Grundbildung in einem eigenen Abschnitt. Damit begann die Regierung, ihre Pflichten in diesem Bereich zu übernehmen und "... von Geburt an sind Kinder Bürger und haben bürgerliche, menschliche und soziale Rechte, einschließlich des Rechts auf frühkindliche Bildung." (CEARA, 2011, S. 12).

Gleichzeitig wurde die frühkindliche Bildung zwar zu einem Recht des Kindes, aber nicht zu einer Pflicht; die Familien konnten wählen, ob sie ihre Kinder in die erste Stufe der Grundbildung einschreiben wollten oder nicht. Im Jahr 2009 wurde mit der Verfassungsänderung 59 Artikel 208 Absatz I der Bundesverfassung geändert und die "Grundbildung vom vierten bis zum siebzehnten Lebensjahr verpflichtend und unentgeltlich gemacht, einschließlich der unentgeltlichen Versorgung all jener, die nicht im entsprechenden Alter Zugang dazu hatten". Wie Sie sehen können, deckt diese Änderung zwar noch nicht die Altersgruppe der Null- bis Dreijährigen ab, macht aber einen Teil der frühkindlichen Bildung zur Pflicht.

Da die Regierung jedoch trotz dieser Verpflichtung nicht überall Kinderkrippen und Vorschulen eingerichtet hat, gibt es keine Möglichkeit, diese Bildungsdienstleistung zu erbringen, da selbst die vorhandenen Krippen und Vorschulen nicht die für die Versorgung der Bevölkerung erforderliche Anzahl von Plätzen bieten. Im Jahr 2007 führte das brasilianische Institut für Geografie und Forschung (Instituto Brasileiro de Geografia e Pesquisa - IBGE) in Brasilien eine Erhebung über den Besuch von Kinderkrippen (Kinder im Alter von null bis drei Jahren) und Vorschulen (Kinder im Alter von vier bis sechs Jahren) durch, um zu ermitteln, wie der Zugang dazu erfolgt. Diese Untersuchung kommt zu dem Schluss, dass in Brasilien nur 17,1 % der Kinder einen Kindergarten besuchen und dass der Zugang in den verschiedenen Regionen des Landes ungleich verteilt ist: Im Nordosten beispielsweise haben nur 14,1 % der Kinder

Zugang zur ersten Stufe der Grundbildung, während der Landesdurchschnitt bei 17,1 liegt. Der Zugang zur Vorschule ist in den Regionen ebenfalls ungleich verteilt, aber in diesem Fall liegt die Besuchsquote im Nordosten bei 82,7 % und damit über dem Landesdurchschnitt von 76,7 %. Die größten Ungleichheiten bestehen jedoch zwischen den verschiedenen Einkommensgruppen (durchschnittliches monatliches *Pro-Kopf-Einkommen der* Familien, die öffentliche und private Schulen besuchen): Nach den erhobenen Daten besuchten nur 10,8 % der Kinder, deren Familien bis zu einem halben Mindestlohn verdienten, einen Kindergarten, während diejenigen, deren Familien mehr als drei Mindestlöhne verdienten, 43,6 % besuchten. Im Nordosten gibt es ebenfalls große Ungleichheiten beim Zugang zu Kindertagesstätten: nur 10,8 % der Kinder aus Familien mit einem Einkommen von bis zu einem halben Mindestlohn besuchen eine Kindertagesstätte, während diejenigen, die mehr als das Dreifache des Mindestlohns verdienen, 43,4 % besuchen. Auf nationaler Ebene liegt die Vorschulbesuchsquote bei 71,4 % in Familien mit einem Einkommen von bis zu einem halben Mindestlohn und bei 94,7 % in Familien mit einem durchschnittlichen Monatseinkommen von mehr als drei Mindestlöhnen. In derselben Region liegt die Häufigkeit bei 77,8 % in Familien mit einem Einkommen von bis zu einem halben Mindestlohn und bei 96,8 % in Familien mit einem Einkommen von mehr als drei Mindestlöhnen.

Es ist also leicht zu erkennen, dass der Zugang zur frühkindlichen Bildung im Lande noch immer zu wünschen übrig lässt, da es vor allem für die ärmsten Familien nicht immer möglich ist, einen Platz in einer Kinderkrippe oder Vorschule zu bekommen. Andererseits sind sich Wissenschaftler und Aktivisten in diesem Bereich einig, dass es nicht ausreicht, nur Zugang zu Kindergärten und Vorschulen zu haben, sondern dass diese von hoher Qualität sein müssen. Um diese Qualität in der frühkindlichen Bildung zu gewährleisten, ist die Ausbildung der Erzieherinnen und Erzieher, die in dieser ersten Stufe der Grundbildung arbeiten, ein sehr wichtiger Aspekt. Nicht, dass alles von den Erzieherinnen und Erziehern abhängt, aber sie sind unerlässlich für die Qualität des gesamten Bildungsprozesses.

Artikel 62 des geltenden Gesetzes über die Leitlinien und Grundlagen des nationalen Bildungswesens - LDB - legt fest, dass die Ausbildung für die Arbeit in der ersten Stufe der Grundbildung auf Hochschulniveau erfolgen muss, mit einem vollständigen Abschluss an Universitäten und Hochschulinstituten, wobei die Mindestausbildung für Lehrer für die frühkindliche Erziehung und die ersten Klassen der Grundschulbildung diejenige ist, die auf Sekundarschulniveau in der normalen Modalität angeboten wird. Obwohl das LDB die Mindestausbildung für Lehrkräfte festlegt, gibt es im Land noch immer viele Orte, an denen es keine grundständigen Pädagogikstudiengänge und nicht einmal Sekundarschulstudiengänge für den Unterricht gibt, so dass es unmöglich ist, die erforderliche Qualifikation für eine adäquate Erzieherin zu erlangen. Infolgedessen "zeigten Daten der Schulzählung von 2004, dass etwa 40.000 Lehrkräfte ohne die erforderliche Ausbildung in der frühkindlichen Bildung tätig sind" (MEC, 2004).

Um die Bestimmungen von Artikel 62 des LDB zu gewährleisten, hat die Bundesregierung ein Programm ins Leben gerufen, um Lehrkräfte, die ohne die gesetzlich vorgeschriebene Ausbildung im öffentlichen oder vertraglich geregelten Netz in der frühkindlichen Erziehung tätig waren, auf der Sekundarstufe im normalen Modus auszubilden. Dabei handelt es sich um das Programm zur Erstausbildung von Erzieherinnen und Erziehern in der frühkindlichen Erziehung - PROINFANTIL, das 2005 in den Bundesstaaten Ceara, Goias, Rondonia und Sergipe begann.

> Das Programm zur Erstausbildung von Erzieherinnen und Erziehern im Bereich der Kleinkinderziehung (PROINFANTIL) ist ein Fernlehrgang auf Sekundarstufe und im Normalmodus zur Ausbildung von Erzieherinnen und Erziehern, die in Kinderkrippen und Vorschulen arbeiten und nicht über die gesetzlich vorgeschriebene Ausbildung verfügen, und wird vom MEC in Partnerschaft mit interessierten Staaten und Gemeinden durchgeführt. Teilnehmen können sowohl öffentliche Erzieherinnen und Erzieher als auch Erzieherinnen und Erzieher, die im privaten gemeinnützigen Sektor tätig sind (z. B. philanthropische, kommunale oder konfessionelle Einrichtungen, mit oder ohne Abkommen) (MEC, 1994).

PROINFANTIL basiert auf dem Programm für die Ausbildung von Lehrkräften - PROFORMAQAO, einem Programm, das auf die Ausbildung von Lehrkräften für die ersten Klassen der Grundschule, in Alphabetisierungsklassen oder Klassen für Jugendliche und Erwachsene abzielt (MEC, 2010).

Es ist wichtig, darauf hinzuweisen, dass es sich um ein Notprogramm handelt, das beschlossen wurde, um die große Zahl von Lehrern zu schulen, die bereits in der ersten Stufe der Grundbildung ohne angemessene Ausbildung tätig waren. Die große Anzahl von Lehrern, die an diesem Programm teilgenommen haben, beweist die Notwendigkeit seiner Existenz.

> Bei einem Bedarf von 22.000 auszubildenden Lehrern hat Proinfantil 16.388 Lehrer registriert, von denen 3.873 bis 2010 ausgebildet wurden und 8.805 bis 2011 in Ausbildung waren. Dies bedeutet, dass prozentual gesehen 77 % der Lehrkräfte den Kurs abgeschlossen haben, verglichen mit der Zahl der eingeschriebenen Lehrkräfte. Diese Daten belegen den Erfolg des Programms, wenn man bedenkt, dass sich immer mehr brasilianische Bundesstaaten dem Programm angeschlossen haben, das

mit vier Bundesstaaten in der Pilotgruppe begann und schließlich in eine Partnerschaft mit 18 Bundesstaaten mündete (MEC, 2010).

Nach Angaben des MEC (2004) verfügen zwar 10,9 % der Erzieherinnen und Erzieher, die in der Kleinkindpädagogik tätig sind, nicht über die gesetzlich vorgeschriebene Mindestausbildung, doch ist festzustellen, dass die Qualifikation dieser Fachkräfte zugenommen hat, da in den 90er Jahren "die Präsenz von Fachkräften mit Hochschul- und Sekundarschulbildung zunahm".

Im Zuge der zunehmenden Verbreitung von Hochschulbildung sind auf der Suche nach einer besseren Ausbildung für Fachkräfte in diesem Bereich eine Reihe von Kursen entstanden. Das MEC hat über das Nationale Programm für die Ausbildung von Grundschullehrern (PNFPEB) in verschiedenen brasilianischen Bundesstaaten den derzeitigen Spezialisierungskurs für frühkindliche Bildung mit insgesamt 80 Klassen eingerichtet.

> Der **Nationale Plan für die Ausbildung von Grundschullehrern** ist das Ergebnis einer gemeinsamen Aktion des Bildungsministeriums (MEC), der öffentlichen Hochschuleinrichtungen (IPES) und der staatlichen und kommunalen Bildungsabteilungen im Rahmen des PDE - Commitment to All for Education Target Plan -, mit dem ein neues System der Zusammenarbeit zwischen der Union und den Bundesstaaten und Gemeinden unter Wahrung der Autonomie der föderalen Einheiten geschaffen wurde (MEC, 2010).

Weitere Möglichkeiten zur Verbesserung der Ausbildung von Erzieherinnen und Erziehern wären die Gewährleistung eines Mindestausbildungsniveaus für alle, die in der frühkindlichen Bildung tätig sind, gemäß Artikel 62 des LDB, dann das Angebot von Grundkursen in Pädagogik für diejenigen, die nur über das Mindestausbildungsniveau verfügen, was eine Art Fortsetzung wäre, und dann ein Spezialisierungskurs nur in frühkindlicher Bildung für diejenigen Erzieherinnen und Erzieher, die direkt in der frühkindlichen Bildung tätig sind, und schließlich das Angebot von Weiterbildungskursen, die in der Regel von den kommunalen Bildungsabteilungen mit eigenen Mitteln oder mit Unterstützung der Bundesregierung durchgeführt werden. Doch auch bei den staatlichen Bemühungen um die Qualifizierung von Erzieherinnen und Erziehern stehen wir noch vor großen Herausforderungen, wenn diese Ausbildung einen wirklichen Beitrag zur Verbesserung der Qualität der pädagogischen Arbeit in dieser Bildungsstufe leisten soll. Sowohl die Erstausbildung als auch die Fortbildung stehen vor großen Problemen, da es keinen staatlichen Plan gibt, der die geografischen und strukturellen Barrieren Brasiliens überwindet, um eine Ausbildung zu ermöglichen, die den spezifischen Anforderungen des jeweiligen Standorts entspricht.

In diesem Beitrag geht es um die Erstausbildung auf Hochschulebene im

Studiengang Pädagogik, der Fachkräfte für die Schulverwaltung, die frühkindliche Bildung und die ersten Klassen der Grundschule ausbildet. Die erste Frage, die sich stellte, war: bildet dieser Studiengang gut aus, wenn man bedenkt, dass er Fachleute auf die Arbeit in verschiedenen Bereichen vorbereitet?

Die Pädagogikstudiengänge unterscheiden sich in den verschiedenen Teilen Brasiliens, in denen sie angeboten werden, stark, auch wenn sie auf gemeinsamen Dokumenten wie den Beschlüssen des Nationalen Bildungsrates (CNE) beruhen. In diesen Dokumenten wird betont, dass die Ausbildungsgänge die Besonderheiten der einzelnen Bildungsstufen berücksichtigen müssen. Die Nationalen Curricularen Richtlinien für die Ausbildung von Grundschullehrern (CNE/CP Nr. 1/2002) und die Nationalen Curricularen Richtlinien für Studiengänge in Pädagogik (CNE/CP Nr. 5/2005) bringen die Notwendigkeit zum Ausdruck, die Strukturen dieser Studiengänge zu überprüfen, um die Qualität der frühkindlichen Bildung zu verbessern.

Die Pädagogikstudiengänge in Brasilien haben versucht, sich an die vorgeschlagenen Änderungen anzupassen. Dies ist notwendig, denn zusätzlich zu den Arbeiten, die bereits darauf hingewiesen haben, hat mir meine Erfahrung als Lehrerin für "frühkindliche Erziehung" gezeigt, dass die bis dahin angebotene Ausbildung den Absolventen dieses Studiengangs nicht das Wissen, die Fähigkeiten und die Werte garantiert, die für ihre Praxis als frühkindliche Erzieherin notwendig sind.

Vor den aktuellen MEC-Leitlinien hatten mehrere Pädagogikstudiengänge keine spezifischen Fächer für die frühkindliche Erziehung in ihren Pflichtlehrplänen, wie es an der Pädagogischen Fakultät der Bundesuniversität von Ceara - UFC der Fall ist, wo die Fächer in Bezug auf die frühkindliche Erziehung vollständig fakultativ waren. Andererseits ist nach meiner eigenen Erfahrung die Tatsache, dass im Pädagogik-Studium Fächer in diesem Bereich angeboten werden, keine Garantie dafür, dass die Absolventen dieses Studiengangs gut auf die pädagogische Arbeit mit Kindern in der frühkindlichen Bildung vorbereitet sind.

Selbst wenn jemand einen Lehramtsabschluss in Pädagogik hat, und im Fall der Universidade Regional do Cariri - Urca, die in ihrem Lehrplan reguläre Fächer zur frühkindlichen Erziehung anbietet und einen Titel verleiht, der unter anderem zur Erzieherin berechtigt, versteht es sich von selbst, dass diese Ausbildung den Absolventen nicht immer für den Lehrerberuf geeignet macht. Eines der Probleme, das im Fall von Urca erwähnt werden kann, ist die Tatsache, dass die Fächer Praktikum in der frühkindlichen Erziehung I und II, in denen die Studenten die Möglichkeit haben, Erfahrungen in der frühkindlichen Erziehung zu sammeln, in vielen Fällen in der letzten Periode des Kurses stattfinden, was es schwierig macht, Fragen zu stellen und mit den Zweifeln umzugehen, die während der Unterrichtspraxis auftauchen, wenn es nicht vorkommt, dass die Studenten ein Praktikum am Abend mit EJA-Klassen machen, weil sie es tagsüber nicht machen können, oft aufgrund der Tatsache, dass sie zu dieser Tageszeit arbeiten.

Der Einstieg in die Lehrtätigkeit erfolgt für einige Studenten häufig im Rahmen von Partnerschaften zwischen der Universität und privaten Unternehmen im Rahmen eines bezahlten Praktikantenprogramms. Dies war die Erfahrung der Person, die diesen Artikel schreibt. Es gibt eine Partnerschaft zwischen Urca und der Sesc - Crato School of Early Childhood and Elementary Education, wo der Student regelmäßig eingeschrieben sein und zwischen dem vierten und sechsten Semester studieren muss, und dieses Praktikum dauert vier Stunden pro Tag, mit Genehmigung beider Institutionen. Erst wenn der Student die Theorie in der Praxis anwenden muss, merkt er in der Regel, wie wenig die Universität ihn fachlich auf die Arbeit als Kindergärtner oder Grundschullehrer vorbereitet hat. Oft ist es so, dass die Studierenden nicht wissen, wie sie die Theorie in die Praxis umsetzen können, und dies meist erst nach dem Abschluss ihres Studiums merken, oder diejenigen, die ein Praktikum absolvieren, stellen im Laufe ihrer Ausbildung fest, dass das an der Universität vermittelte Wissen nicht ausreichte, um eine Klasse mit Aktivitäten in der frühkindlichen Erziehung oder der Grundschule zu unterrichten.

Es lohnt sich, auf den Ernst dieser Situation hinzuweisen, da der Studiengang Pädagogik der Abschluss ist, der die Erzieherinnen und Erzieher unter anderem auf die Arbeit in der frühkindlichen Bildung vorbereiten soll. Sicherlich ist der Studiengang die theoretische Grundlage für die Arbeit in der Praxis, zusätzlich zu dem Lernen, das im täglichen Kontakt mit Arbeitskollegen, Kindern und ihren Familien stattfindet, da man viel aus der Unterrichtspraxis lernt; man ist jedoch der Meinung, dass der Studiengang, der die Fachkraft qualifiziert, nicht nur ein Zertifikat anbieten sollte, sondern eine angemessene Qualifikation für den Absolventen, der eine "Ausbildung" erhalten möchte, um tatsächlich zu wissen, wie man arbeitet. Wenn diese "ausgebildeten" Fachleute in die Schule kommen, fragen sie normalerweise ihre Kollegen oder Vorgesetzten, wie die Dinge gemacht werden, wie sie geplant werden, was sie im Klassenzimmer tun sollen, weil sie es nicht wissen, und manchmal lehnen die Institutionen Lehrer ohne Erfahrung ab, weil sie der Meinung sind, dass diese Fachleute nicht wissen, wie man Lehrer ist.

Mehrere Autoren haben sich in ihren Untersuchungen mit der im Pädagogikstudium angebotenen Ausbildung befasst. Pinheiro (2010) hat in seiner Masterarbeit "A formacao do professor no curso de pedagogia", die er im Rahmen des Postgraduiertenkurses in Pädagogik an der Pontificia Universidade Catolica do Parana - PUCPR verteidigt hat, eine Studie durchgeführt, die,

> "entstand aus meiner Arbeit als Koordinatorin und Lehrerin im Pädagogikkurs, bei der ich die Ziele des Kurses und die durchgeführte Lehrtätigkeit beobachtete, wobei ich mich auf die in diesem Kurs durchgeführte Lehrerausbildung konzentrierte", mit dem Ziel, den Pädagogikkurs zu analysieren" (S. 2).

Um zu verstehen, wie die Lehrerausbildung, insbesondere für die frühkindliche Erziehung und die ersten Jahre der Grundschule, aus der Sicht von Lehrern und Studenten des Studiengangs eingeführt wurde.

In dieser Arbeit wurden die Aussagen von Lehrern, Schülern und dem Kurskoordinator sowie der pädagogische Vorschlag und die abschließende Kursarbeit der Schüler analysiert. Der methodische Ansatz, der als Fallstudie angelegt war, war qualitativ. Die Ergebnisse zeigen, dass "der Pädagogikkurs, der auf der Lehrerbewegung basiert, die Ausbildung für das Unterrichten als gemeinsame Achse hat" und dass es einen Versuch der Kursleiter gab, die Dichotomie zwischen Theorie und Praxis zu überwinden;

> In den Aussagen der Studierenden wird jedoch deutlich, dass das Verhältnis zwischen Theorie und Praxis in der Erstausbildung lückenhaft ist, was eine Schwierigkeit für die Kursleiter darstellt: die Entwicklung der Einheit "Theorie und Praxis" mit den Studierenden, vor allem aufgrund der fehlenden Erfahrung der Studierenden mit der pädagogischen Praxis (PINHEIRO, 2010).

Diese Forschung ist äußerst wichtig, da Lehrer und Studenten die Ansicht vertreten, dass der Studiengang Pädagogik die Absolventen nicht wirklich darauf vorbereitet, Lehrer für die frühkindliche Erziehung zu werden. Wie bereits erwähnt, ist es für Akademiker, die ein Pädagogikstudium absolviert haben, schwierig, mit der pädagogischen Praxis konfrontiert zu werden.

In seiner Masterarbeit "Teacher Training at University: the pedagogy course in question" (Lehrerausbildung an der Universität: der fragliche Pädagogikkurs), die von der Mackenzie Presbyterian University - UPM/Education, Art, History of Culture verteidigt wurde, führte Pinto (2009) eine Studie durch, die darauf abzielte, zu verstehen,

> ...wie das professionelle Lernen des Unterrichtens im Pädagogikkurs entwickelt wird und wie es zur pädagogischen Praxis des Lehrers beiträgt; und um die Sicht der Studenten auf ihren Ausbildungsprozess

zu erkennen (PINTO, 2009).

Zu diesem Zweck haben wir eine bibliographische Untersuchung und eine Analyse der Kursunterlagen durchgeführt. Laut der Autorin "haben wir uns für eine Fallstudie entschieden, die von einer Feldforschung begleitet wurde; ein qualitativer, deskriptiver Ansatz". Sie erklärt, dass diese Studie Aufschluss darüber gibt, wie das berufliche Lernen von Lehrern im Studiengang Pädagogik konzipiert ist und wie sie über die pädagogische Praxis der Studenten im letzten Studienjahr denken. Sie ist der Ansicht, dass es notwendig ist, "die Forschung fortzusetzen und dabei neue Analysen und Erkenntnisse zu nutzen, um mögliche Wege in Bezug auf die Lehrerausbildung aufzuzeigen" (Idem, S. 2).

Bislang gibt es keine Untersuchungen zu den möglichen Auswirkungen auf die Ausbildung von Fachkräften im Bereich der frühkindlichen Erziehung, die sich aus den jüngsten vom Bildungsministerium (MEC) herausgegebenen Leitlinien für Änderungen des Pädagogikkurses von 2006 ergeben. Daher wird davon ausgegangen, dass diese Studie, die sich auf die von Urca angebotene Erstausbildung für die Arbeit in der frühkindlichen Erziehung in ihrem aktuellen Pädagogikkurs konzentriert, einen Beitrag zu den derzeit stattfindenden Diskussionen leisten kann.

1.2. Zielsetzungen

Das allgemeine Ziel besteht darin, die Eignung des Pädagogikkurses für die Ausbildung von Lehrern, die in der frühkindlichen Erziehung arbeiten, am Beispiel der regionalen Universität von Cariri - Urca zu analysieren. Und die spezifischen Ziele:

- Bericht über den Wechsel vom alten Lehrplan des Pädagogikkurses von Urca zum aktuellen.
- Präsentation und Analyse des pädagogischen Vorschlags des Urca-Pädagogikkurses in Bezug auf die Merkmale der Professionalität von Lehrern, die in der frühkindlichen Erziehung arbeiten.
- Analyse der Meinungen von Lehrern und Absolventen dieses Kurses über ihre Ausbildung für die Arbeit im Bereich der frühkindlichen Erziehung.

2. Veränderungen in der frühkindlichen Bildung

Bevor wir uns speziell mit der Ausbildung von Fachkräften im Bereich der frühkindlichen Erziehung befassen, die Gegenstand dieses Papiers ist, ist es wichtig, einen - wenn auch kurzen - Blick auf die Geschichte dieser ersten Stufe der Grundbildung zu werfen, um zu verstehen, was in diesem Bildungsbereich geschehen ist und welche Auswirkungen dies auf die Ausbildung dieser Fachkräfte hat.

Die frühkindliche Erziehung hat unzählige Veränderungen und auch viele Herausforderungen erlebt, die nicht einfach zu bewältigen sind, insbesondere wenn es um den Wechsel von Paradigmen, Überzeugungen und Vorstellungen geht. Eine der großen Herausforderungen besteht darin, die Kinder in einem neuen Licht zu sehen und zu glauben, dass man ihnen zuhören muss. Um dies zu erreichen, ist es notwendig, verschiedene Fragen im Zusammenhang mit ihrer "Betreuung und Erziehung" zu überdenken und zu ändern.

Das Recht auf pädagogische Betreuung für Kinder im Alter von 0 bis 6 Jahren ist in Brasilien noch sehr jung. Erst mit der Bundesverfassung von 1988 und dem Gesetz über die nationalen Bildungsrichtlinien und -grundlagen (LDB) von 1996 hat die öffentliche Hand wirklich die Verantwortung für die frühkindliche Bildung übernommen. Lange Zeit wurde die Erziehung von Kleinkindern im privaten (häuslichen) Bereich angesiedelt und als Aufgabe der Familie oder der sozialen Gruppe, in der sie leben, betrachtet. Man kann also sagen, dass die Kinder ihre ersten Vorstellungen vom Zusammenleben und von der Welt in der Familie und in anderen sozialen Gruppen lernten.

Die Entstehung von Kinderkrippen und Kindergärten in Brasilien fand Ende des 18. und Anfang des 19. Jahrhunderts statt, viel später als in Europa (KRAMER, 1995). Bis zum 19. Jahrhundert konzentrierte sich das Konzept der Kindererziehung auf den weiblichen "Fortschritt", d.h. auf die Ausbildung von "Ammen", d.h. von Frauen zu guten Müttern, und folglich auf die Vorbereitung einer guten Erzieherin, und in diesem Zusammenhang gab es keine Aussicht auf Professionalisierung. Nachdem der Beruf der Erzieherin 1963 in Brasilien offiziell eingeführt wurde, war er lange Zeit mit der weiblichen Figur verbunden, da die Kinderkrippe eine Erweiterung des Heims ist und die Frau wiederum die Figur ist, die das Heim repräsentiert.

In den 1930er Jahren wurde der Bildungsbereich in Brasilien durch das Aufkommen eines neuen Bildungskonzepts, der Neuen Schulbewegung, geprägt, bei dem das Kind im Gegensatz zum traditionellen Konzept, das das Kind als passives Wesen ohne Einfluss auf seinen Entwicklungsprozess betrachtete, als Mittelpunkt der Bildungsaktivitäten angesehen wurde. Die Diskussionen und Studien über die Bedeutung von Kindern in Bezug auf die frühkindliche

Bildung haben sich im Laufe der Jahrzehnte intensiviert.

Diese Auffassung vom Kind als Mittelpunkt des Erziehungsprozesses wurde durch soziale, politische, wirtschaftliche und erzieherische Veränderungen ermöglicht, insbesondere durch die Fortschritte in den Wissenschaften wie Anthropologie, Psychologie und Pädagogik. Die neue Betrachtungsweise der Kindheit mit den Augen der Fachleute in diesen Bereichen, die ihre Forschungen auf die Merkmale von Kindern und die Bedeutung dieses Themas konzentrierten, war eine wesentliche Voraussetzung für bedeutende Veränderungen in der Behandlung von Kindern, d. h. in der Wertschätzung dieser Altersgruppe, in der Bildung einer neuen Art der Organisation von Einrichtungen für diese Altersgruppe, die als wichtig für die Entwicklung des Individuums angesehen wurde (Idem, 1995).

Nach Ansicht des Autors waren die politischen und wirtschaftlichen Veränderungen von grundlegender Bedeutung für die Veränderungen im Bildungswesen, die stattgefunden haben. Das eingeführte Wirtschaftsmodell, das neue städtisch-industrielle Bürgertum, die Ablösung des Coronelismo durch die staatliche Politik, der Vormarsch der Industrie, die Verstädterung und der Aufstieg der Mittelschicht führten zu radikalen Veränderungen in der brasilianischen Gesellschaft. Die Idee, Kinder zu erziehen, begann Interesse zu wecken, auch wenn dies nur in sehr vereinzelten Initiativen zum Ausdruck kam. Der Regierung fehlte es an Engagement und Interesse für die Bildung der brasilianischen Kinder, insbesondere der Kinder aus der Arbeiterklasse. Dennoch wurden Kindergärten und Vorschulen sowie Grundschulen zu einer Zeit eingerichtet, in der sich ein neues Familienmodell und eine neue weibliche Rolle infolge der Einbeziehung der Frauen in den Arbeitsmarkt herausbildeten (ibidem).

Ein wichtiger Meilenstein für die frühkindliche Erziehung war die Einführung des Gesetzes zur Konsolidierung der Arbeitsgesetze (CLT), das während der Vargas-Ära verabschiedet wurde. Das 1943 verabschiedete CLT verpflichtete Unternehmen, in denen mindestens 30 Frauen im Alter zwischen 15 und 30 Jahren arbeiteten, über einen geeigneten Ort zu verfügen, an dem ihre Kinder vom Stillen bis zum Alter von sechs Monaten angemessen betreut werden konnten (Art. 389). Diese gesetzliche Bestimmung wurde jedoch im Allgemeinen nicht eingehalten.

In den 1950er Jahren wurde die frühkindliche Erziehung als Vorstufe zur Grundschule angesehen und als "Vorschule" bezeichnet. Im Zuge der zunehmenden Industrialisierung und Verstädterung sowie des Eintritts von Frauen in den produktiven Sektor wurde es notwendig, Räume zu schaffen, in denen Mütter ihre Kinder zur Arbeit gehen lassen konnten. Dies war einer der Faktoren, die für den Anstieg der Nachfrage nach Kinderkrippen verantwortlich waren, und es war daher notwendig, ihren Ausbau zu fördern. Da die Zahl der von der öffentlichen Hand angebotenen Plätze nicht ausreichte, wurden private Einrichtungen als Alternative geschaffen.

Die große Nachfrage nach Plätzen führte dazu, dass neben den von der Regierung geschaffenen Einrichtungen auch andere Institutionen entstanden, wie z. B. konfessionelle Privatschulen, Gemeinschaftsschulen und philanthropische Schulen, die begannen, Krippen und Vorschulen anzubieten. Die Kirchen, vor allem die katholischen und protestantischen, begannen, sich in der frühkindlichen Erziehung zu engagieren. Dieses religiöse Konzept wurde in dieser Zeit von Bewegungen beeinflusst, die mit Volksaktionen und Volksinitiativen verbunden waren, was zur Gründung von Vereinen, Kinderkrippen und Gemeindezentren führte.

Laut Kramer,

> Religiöse Vereinigungen und Laienorganisationen sowie Ärzte, Pädagogen und Laien wurden aufgefordert, mit dem öffentlichen Sektor zusammenzuarbeiten, um das Recht auf Kinder zu schützen und zu gewährleisten, und zwar unter der Leitung und mit einer gewissen Unterstützung des Staates. Während in Brasilien seit dem 17. Jahrhundert die private, vor allem katholische Sozialhilfe dem offiziellen Handeln vorausging, übernahm der Staat ab den 1930er Jahren diese Rolle und forderte einzelne Personen und private Vereinigungen auf, finanziell mit den Einrichtungen zum Schutz der Kinder zusammenzuarbeiten (1995, S. 61).

Eine Reihe von Erziehungswissenschaftlern behauptet, dass diese Einrichtungen vor allem einen Fürsorgecharakter hatten, der auf den ersten Blick auf die medizinische und hygienische Versorgung abzielte. Doch wie Kuhlmann Jr. (2001) betont, hatte die Erziehung der Kinder auch in den scheinbar nur auf Fürsorge ausgerichteten Einrichtungen tatsächlich einen erzieherischen Charakter: "Die Fürsorgeerziehung förderte eine Pädagogik der Unterwerfung, die darauf abzielte, die Armen auf die soziale Ausbeutung vorzubereiten. Der Staat sollte die Einrichtungen nicht direkt leiten" (Idem, S.8). Wie auch immer,

> ...vertiefende Studien und die Verteidigung der historischen Interpretation, dass Wohlfahrtskindergärten und Vorschulen als *Bildungseinrichtungen* konzipiert und verbreitet wurden. Diese Interpretation entkräftet die Idee, dass diese Einrichtungen aufhören mussten, Wohlfahrtseinrichtungen zu sein, um Bildungseinrichtungen zu werden, eine Idee, die in unserem pädagogischen Denken immer noch weit verbreitet ist (ibidem, S. 200).

Es ist erwähnenswert, dass dieser Autor klarstellt, dass die Wohlfahrtserziehung durch eine vorurteilsbehaftete Sicht auf die Armen und ein mangelndes Engagement für Qualität gekennzeichnet ist und daher angeprangert und bekämpft werden muss.

In den 1960er Jahren führten die Forderungen und Kämpfe für die Rechte der Frauen und eine größere Autonomie zu zahlreichen Entwicklungen im Bildungswesen, insbesondere in der frühkindlichen Bildung.

Die Nachfrage nach Kindereinrichtungen, die verschiedene Namen trugen - Kinderkrippen, Kindergärten, Kindertagesstätten, Spielplätze, Vorschulen - wurde immer größer, da Familien mit Kindern im Alter von 0 bis 6 Jahren aus den unterprivilegierten Schichten ab den 60er Jahren begannen, diese Dienste in Anspruch zu nehmen. Unabhängig davon, ob es sich um öffentliche, private oder andere Schulen handelte, boten sie frühkindliche Erziehung mit unterschiedlichen Zielsetzungen an: Einige bereiteten die Kinder auf das Lesen und Schreiben vor, andere kümmerten sich um sie, während ihre Mütter arbeiteten, und wieder andere lehrten religiöse Grundsätze.

In den 1970er Jahren begannen Kinderkrippen, eines der wichtigsten Aushängeschilder der Frauenbewegung, in größerer Zahl vor allem in Arbeitervierteln eingerichtet zu werden, um den Forderungen der berufstätigen Frauen, meist in der Industrie und im Dienstleistungssektor, nachzukommen.

Zu Beginn der 1980er Jahre begann die frühkindliche Erziehung, die lange Zeit von der Regierung auf die lange Bank geschoben worden war, auf der nationalen Bühne an Bedeutung zu gewinnen. Diese Zeit war geprägt von der Re-Demokratisierung des Landes, von der Suche nach einem besseren Leben und von einer Zeit der Kämpfe und der Eroberung von Rechten, einschließlich des Rechts auf Bildung für Kinder von 0 bis 6 Jahren, was zu einer Zunahme der Zahl der Kinderkrippen und öffentlichen Vorschulen führte. Die Bundesverfassung von 1988, die vor allem als Antwort auf die staatlichen Maßnahmen zur Demokratisierung des öffentlichen Bildungssystems geschaffen wurde, verteidigt die Ausweitung der frühkindlichen Bildung und verpflichtet den Staat, was einen Meilenstein in der Geschichte der sozialen Konstruktion dieses neuen Rechtssubjekts, des kleinen Kindes, darstellt.

In diesem Jahrzehnt setzte sich auch die Einsicht durch, dass Kindern aus unterprivilegierten Schichten eine Betreuung angeboten werden sollte, da man davon ausging, dass bestimmte Bedürfnisse, wie z. B. Hunger, die intellektuelle Entwicklung des Einzelnen beeinträchtigen könnten und dass sie durch Bildung befriedigt werden würden. Laut Kuhlmann Jr. "belebte die Verbindung zwischen Kindergärten und sozialen Einrichtungen die Polemik zwischen Bildung und Hilfe, die sich durch die Geschichte der frühkindlichen Bildungseinrichtungen zieht" (2001, S.12).

Erst mit dem LDB (1996) wurde der Bildungscharakter der Kindergärten hervorgehoben, da die frühkindliche Bildung zusammen mit der Vorschule die erste Stufe der Grundbildung darstellt. Mit ihrer Eingliederung in das Bildungswesen wurden die Kindergärten Teil der kommunalen Bildungsabteilung. Diese Tatsache bedeutet nicht unbedingt eine qualitativ hochwertige pädagogische Arbeit, aber sie ist Ausdruck der Entscheidung, die in Brasilien getroffen wurde, um die Erziehung von Kleinkindern in den Bildungssektor zu integrieren. Die

Herausforderung besteht darin, dass sie nicht länger ein Ort der "Kinderbetreuung" für arme Kinder sind, deren Mütter das Haus verlassen mussten, um zu arbeiten.

Die Benachteiligung der frühkindlichen Erziehung, weil sie als "weniger wichtig" eingestuft wird und ihre Erzieherinnen und Erzieher folglich unterbewertet werden, ist historisch auf eine Bildungspolitik zurückzuführen, die ihr fast immer einen paternalistischen und fürsorglichen Charakter verliehen hat, weshalb die frühkindliche Erziehung lange Zeit nicht als günstiges Umfeld für ihre Entwicklung angesehen wurde. Die Probleme und Vorurteile, mit denen diese Bildungsstufe bis heute behaftet ist, insbesondere die Stufe der 0- bis 3-Jährigen (da die Stufe der 4- und 5-Jährigen bereits höher bewertet wurde), lassen sich leicht nachvollziehen, wenn man analysiert, wie sich der Ausbau dieser Stufe, die die erste Stufe der Grundbildung darstellt, vollzogen hat.

Für die Betreuung der Kinder aus den weniger privilegierten Bevölkerungsschichten waren Personen zuständig, die mit der Bevölkerung verbunden waren, die sie betreuten, und sie wurde kurz gesagt als Sozialhilfe bezeichnet, die darauf abzielte, diesen Menschen eine Grundversorgung zu bieten. Kinder im Alter von 4 bis 6 Jahren, vor allem aus privilegierteren Verhältnissen, erhielten eine pädagogische Betreuung, die sie auf den Eintritt in die alte Grundschule, die heutige Grundschule I, vorbereiten sollte.

Nach Rosemberg (2002) wurde die Entwicklung der brasilianischen frühkindlichen Bildung von den 1970er bis zu den 1990er Jahren stark von internationalen Organisationen beeinflusst: "In dieser ersten Periode scheint es vor allem eine Verbreitung von Ideen der Unesco und der Unicef unter Meinungsbildnern und Entscheidungsträgern in Bezug auf die brasilianische Bildungspolitik gegeben zu haben und wenig direkte Finanzierung von Projekten zur Umsetzung von EI-Programmen" (S. 31).

Ab den 1990er Jahren ging der größte Einfluss von der Weltbank aus, die der Grundschulbildung zum Nachteil der frühkindlichen Bildung großen Wert beimaß (Idem). Aus der obigen Tabelle geht also hervor, dass es einen viel breiteren Kontext im Zusammenhang mit der Ausweitung der frühkindlichen Bildung gibt, was die Frage der Politik der frühkindlichen Bildung für unterentwickelte Länder betrifft, was zum historischen Verständnis der ersten Stufe der Grundbildung in diesem Land beitragen kann.

In Brasilien hat sich diese Stufe des Bildungswesens auf der Grundlage eines kostengünstigen Entwicklungsmodells entwickelt, was auf multilaterale Organisationen zurückzuführen ist. Der erste Einfluss kam in den 1970er und 1980er Jahren direkt von zwei internationalen Organisationen. Die Ausweitung der frühkindlichen Bildung in den 1970er und

1980er Jahren wurde von internationalen Organisationen beeinflusst, insbesondere von der UNESCO und UNICEF, die sich für eine kostengünstige Ausweitung unter Nutzung "ungenutzter Flächen" und lokaler, ungelernter Arbeitskräfte für Länder einsetzten, die als unterentwickelt galten, darunter auch Brasilien.

Nach Ansicht der oben zitierten Autorin haben "die entwickelten Länder, insbesondere die europäischen, im Allgemeinen die Ausweitung eines qualitativ hochwertigen Angebots an frühkindlicher Bildung integriert, eine Integration, die das Ergebnis unterschiedlicher wirtschaftlicher, politischer und kultureller Orientierungen ist", während "die unterentwickelten Länder das Angebot dank der Reduzierung oder Eindämmung der öffentlichen Ausgaben ausgeweitet haben", was zu dem führt, was sie bereits als "Bildung für die Subalterne" bezeichnet hat (Ibidem, 1995, in ROSEMBERG, 2002). Die negativen Folgen einer solchen Ausweitung lassen sich bis heute an den Problemen ablesen, die im Zusammenhang mit der unzureichenden Ausbildung der Lehrkräfte, dem Fehlen einer angemessenen physischen Struktur, der Knappheit und der unzureichenden Qualität von Lehrmitteln, Spielzeug und Kinderbüchern bestehen.

Im Hinblick auf das Thema dieses Papiers, die Ausbildung von Erzieherinnen und Erziehern, ist es notwendig, die grundlegende Rolle zu betonen, die der LDB bei der Festlegung der Mindestausbildung dieser Fachkräfte spielt. Daher wurde erst in den 1990er Jahren eine spezifische Ausbildung für diese Personen, die Kinder in Kinderkrippen und Vorschulen "betreuen", vorgeschrieben. Siehe unten Artikel 62 des LDB-Gesetzes Nr. 9.394 vom 20. Dezember 1996.

Die Ausbildung von Lehrkräften für die Arbeit in der Grundbildung erfolgt auf höherer Ebene in einem vollständigen Studiengang an Universitäten und Hochschulen, wobei als Mindestausbildung für die Ausübung des Lehrerberufs in der frühkindlichen Erziehung und in den ersten vier Klassen der Grundschule die auf Sekundarstufe II angebotene Ausbildung in der Regelform zugelassen wird. (Verordnung)

§ Absatz 1 - Die Union, der Bundesdistrikt, die Staaten und die Gemeinden fördern in einem System der Zusammenarbeit die Aus-, Fort- und Weiterbildung von Lehrkräften. (Eingefügt durch das Gesetz Nr. 12.056 von 2009).

§ Absatz 2 Weiterbildung und Schulung für Lehrkräfte können Fernunterrichtsressourcen und -technologien nutzen. (Eingefügt durch Gesetz Nr. 12.056 von 2009).

§ Absatz 3 Bei der Erstausbildung von Lehrkräften wird dem Präsenzunterricht der Vorzug gegeben, wobei die Ressourcen und Technologien des Fernunterrichts subsidiär eingesetzt werden. (Eingefügt durch das Gesetz Nr. 12.056 von 2009).

2.1 Veränderungen in der Ausbildung von Erzieherinnen und Erziehern in der frühkindlichen Bildung

Alle Veränderungen, die in der frühkindlichen Erziehung stattgefunden haben, implizieren unmittelbar Veränderungen in der Ausbildung von Fachkräften, die in dieser Phase der Erziehung arbeiten. Brzezinski (1996) stellt fest, dass vom Ende des 19. Jahrhunderts bis in die 1930er Jahre Lehrer in Brasilien an der Normal School ausgebildet wurden. Der Studiengang Pädagogik wurde zu dieser Zeit durch das Gesetzesdekret 1190/39 und die CFE-Stellungnahmen 251/62 und 252/69 geschaffen.

Die Veränderungen im Bildungswesen während der Regierungen des Militärregimes wurden stark von internationalen Agenturen, der US-Regierung und dem Ministerium für nationale Bildung beeinflusst. So verknüpften die Bestrebungen der mit dem Regime verbündeten Geschäftsleute und Intellektuellen die Idee der Bildung mit der Bildung von Humankapital und verstärkten die Beziehung zwischen Bildung und Arbeitsmarkt. Es bestand auch die Notwendigkeit, das Bildungswesen politisch und ideologisch zu kontrollieren, und zu diesem Zweck wurden das Gesetz 5.540/68, das die Regeln für die Organisation und den Betrieb des Hochschulwesens festlegte, und das Gesetz 5.692/71, das die Richtlinien und Grundlagen für die Bildung in der ersten und zweiten Klasse festlegte, in Kraft gesetzt.

Nach Brzezinski (1996) wurde das brasilianische Bildungswesen zu Beginn der 1960er Jahre mit der Ratifizierung des Gesetzes über die Richtlinien und Grundlagen des nationalen Bildungswesens - 4.024/61 - vereinheitlicht, das nach einem intensiven Diskussionsprozess erlassen wurde, und im darauf folgenden Jahr gab es die erste spezifische Regelung des Pädagogikkurses, die CFE-Stellungnahme 251/62, verfasst von Valnir Chagas. Während dieser Zeit wurde die Existenz des Pädagogikstudiums in Brasilien in Frage gestellt. Die Diskussion drehte sich um die Arbeitsbedingungen der Pädagogen, die diesen Studiengang absolviert hatten.

Nachdem der Nationale Bildungsrat die Idee der Abschaffung des Studiengangs verworfen hatte, verfasste er die Stellungnahme CFE 251/62, in der er den Bildungstechniker als Fachmann bezeichnete, der durch einen Bachelor-Abschluss ausgebildet wird und somit in der Lage ist, nicht-lehrende Aufgaben in der Bildungstätigkeit zu übernehmen, ohne zu spezifizieren, welche das sein würden. Dies war sehr wichtig, denn damit wurde ab Mitte der 1950er Jahre ein Arbeitsbereich abgegrenzt, der einen weiteren Tätigkeitsbereich abgrenzte: die Lehrtätigkeit in der Ausbildung von Lehrern für die pädagogischen Fächer des Normalstudiums. Die Stellungnahme des Bundesrates für Bildung, 252/69, gab ebenfalls die Richtung für die Identität des Pädagogen vor, als er ihm das Diplom des Licenciado verlieh, der Lehrer für den Normalunterricht und Spezialisten in den Bereichen Beratung, Verwaltung, Aufsicht und Kontrolle für die Ausübung von Funktionen in Schulen und Schulsystemen ausbildet.

Mit der Reform des Bildungswesens der 1. und 2. Klasse - Gesetz 5692/71 - wurden auch die Studiengänge und -abschlüsse an den Hochschulen geändert, um sie an die Anforderungen des aktuellen Regierungssystems an das Bildungswesen anzupassen. Auch nach Brzezinski (1996) begannen die Pädagogen nach den 1980er Jahren, ihren eigenen Weg in der Bildungsgeschichte zu gestalten, sowohl im Dialog als auch im Konflikt, indem sie nicht nur Bewegungen oder Organisationen gründeten, sondern sich an sozialen Bewegungen beteiligten, die vor allem für eine "Re-Demokratisierung" und den Widerstand gegen den von der Militärdiktatur aufgezwungenen Autoritarismus kämpften. Trotz der Konflikte zwischen den Führern der Lehrer und Studenten und der Regierung sowie der Spannungen innerhalb der Bewegungen wurde 1980 schließlich ein Vorschlag zur Neuformulierung der Pädagogikkurse gemacht, der als "Schlussdokument von 1980" bekannt wurde. Dieser Vorschlag wurde zur Grundlage für die erste brasilianische Bildungskonferenz, die 1980 an der PUC in Sao Paulo stattfand und sich mit dem Thema "Ausbildung des Erziehers: Neuformulierung der Pädagogik und des Studienplans" befasste.

Die Ausbildung von Erzieherinnen und Erziehern für die frühkindliche Bildung wurde mit dem Erlass des Gesetzes 9394/96 über die frühkindliche Bildung (LDB) festgelegt, in dem in Artikel 62 die Mindestausbildung für die Arbeit in der ersten Stufe der Grundbildung definiert ist.

Die Ausbildung von Lehrkräften für die Arbeit in der Grundbildung erfolgt auf höherer Ebene in einem vollständigen Studiengang an Universitäten und Hochschulen, wobei als Mindestausbildung für die Ausübung des Unterrichts in der frühkindlichen Erziehung und in den ersten vier Klassen der Grundschule die Ausbildung auf Sekundarstufe II in der normalen Form zugelassen wird.

§ Absatz 1 - Die Union, der Bundesdistrikt, die Staaten und die Gemeinden fördern in einem System der Zusammenarbeit die Aus-, Fort- und Weiterbildung von Lehrkräften. (Eingefügt durch das Gesetz Nr. 12.056 von 2009).

§ Absatz 2 Weiterbildung und Schulung für Lehrkräfte können Fernunterrichtsressourcen und -technologien nutzen. (Eingefügt durch Gesetz Nr. 12.056 von 2009).

§ Absatz 3 Bei der Erstausbildung von Lehrkräften wird dem Präsenzunterricht der Vorzug gegeben, wobei die Ressourcen und Technologien des Fernunterrichts subsidiär eingesetzt werden. (Eingefügt durch das Gesetz Nr. 12.056 von 2009).

Ein Punkt in diesem Artikel, der in Bildungskreisen für große Kontroversen sorgte, war die Einführung der Hochschulinstitute (ISEs) als eine der möglichen Ausbildungsstätten für Lehrer, die im Grundschulbereich arbeiten sollen. In Artikel 63, Punkt I, wurde diesen Instituten unter anderem die Aufrechterhaltung des Höheren Normalkurses für die Ausbildung von Lehrern für die frühkindliche Erziehung und der ersten Reihe der Grundschule I zugewiesen, wobei auch die Möglichkeit der pädagogischen Ausbildung für Inhaber von Diplomen einer beliebigen Hochschulebene eröffnet wurde, die sich dem Unterrichten in der Grundbildung widmen wollten (BRASIL, 1996, Art. 63).

Die Einbeziehung der frühkindlichen Erziehung als erste Stufe der Grundbildung hat viele positive Aspekte mit sich gebracht, einer der wichtigsten ist die Forderung nach einer Mindestgrundausbildung für die in dieser Stufe tätigen Fachkräfte, d. h. für die Erzieher. Es darf nicht vergessen werden, dass vor dem LDB von 1996 diese Fachkraft nicht in den Lehrerberuf integriert war und zahlreiche Bezeichnungen für sie vorherrschten, wie z. B. Erzieherin, Tutorin, Betreuerin, Kinderbetreuerin, usw. Die Aufnahme dieses Berufs in die Stellen- und Gehaltspläne vieler kommunaler Netze verlief schleppend, und einige dieser Bezeichnungen bestehen noch immer, nicht zuletzt, weil es sich um Stufen innerhalb des Berufs handelt und dies eine bessere Bezahlung der Lehrkräfte bedeutet. Der Bereich der frühkindlichen Erziehung entwickelt sich jedoch immer mehr zu einem Wissensgebiet und einer beruflichen Tätigkeit, die eine spezifische Ausbildung erfordert.

Andererseits dürfen wir nicht vergessen, dass die frühkindliche Erziehung neben den Problemen im Zusammenhang mit der Ausbildung aller in diesem Bereich tätigen Lehrkräfte (die im Wesentlichen aus Frauen bestehen) immer noch mit vielen Problemen zu kämpfen hat, die es den Lehrkräften und anderen in diesem Bereich tätigen pädagogischen Fachkräften schwer machen, eine bessere Qualität ihrer Arbeit zu erreichen.

Heutzutage besteht ein gewisser Konsens über die Notwendigkeit einer Hochschulausbildung für Kindergärtnerinnen und Kindergärtner, da die Tätigkeit als Erzieherin oder Erzieher in der ersten Phase der Grundbildung ihre eigenen Merkmale aufweist und qualifizierte und kompetente Fachleute erfordert, die die schwierige Aufgabe der Erziehung und Betreuung von Kleinkindern gut bewältigen können.

2.2. Die besondere Professionalität der Erzieherin im Kleinkindalter

Eines der wichtigsten Merkmale des Ausbaus der Kleinkindererziehung in Brasilien in den 1970er bis 1990er Jahren, als die Zunahme der Plätze Vorrang vor der Qualität der Betreuung hatte, war der "Einsatz" von Personen aus den lokalen Gemeinschaften, die in philanthropischen und/oder staatlichen Kindertagesstätten arbeiteten und keine richtige Ausbildung als Erzieher hatten. Es entstanden zahlreiche Einrichtungen, die sich vor allem um arme Kinder kümmerten, deren Mütter einen Ort brauchten, an dem sie ihre Kinder lassen konnten, während sie arbeiteten. In diesen Einrichtungen, in denen die Arbeit freiwillig oder sehr schlecht bezahlt war, wurde von den Fachkräften lediglich erwartet, dass sie "Kinder mögen".

Es ist wichtig festzustellen, dass sich die Rolle der Erzieherinnen und Erzieher in diesem Bereich im Laufe der Zeit verändert hat, ebenso wie die Rolle der Erzieherinnen und Erzieher, die in diesem Bereich arbeiten.

Leider ist es immer noch üblich, dass Kindergärten und Vorschulen an der Vorstellung festhalten, dass die "Liebe zu Kindern" die grundlegende und sogar einzige Voraussetzung für die Befähigung zur "Betreuung" von Kindern ist. Auf diese Weise werden zum Nachteil der beruflichen Qualifikationen persönliche Eigenschaften (wie Kinderliebe, Geduld, Zuneigung usw.) bewertet, die im Allgemeinen mit der weiblichen Figur, insbesondere der Mutter, verbunden sind. Petralanda und Cruz (2004) weisen darauf hin, dass "dieses niedrige Qualifikationsniveau der Erzieherinnen auch mit ihrer beruflichen Abwertung zusammenhängt", da diese Fachkräfte (in der Regel Frauen) aufgrund ihrer mangelnden Ausbildung schlecht bezahlt werden und nicht an Weiterbildungsprogrammen teilnehmen. Das größte Problem bei dieser Sichtweise auf die Fachkräfte, die für die Betreuung und Erziehung von Kleinkindern zuständig sind, ist die schlechte Qualität der pädagogischen Arbeit, die in diesen Einrichtungen angeboten wird.

Die Diskussionen, die vor allem nach dem LDB von 1996 über die Ausbildung von Erzieherinnen und Erziehern für die Arbeit in der frühkindlichen Bildung stattfanden, spielten eine wichtige Rolle bei der Definition dieses Berufs. Die Ausbildung und folglich die Zertifizierung ist Teil der Konstruktion eines Berufs, und wir können daher den Diskussionsprozess über den Pädagogikkurs, der seine Geschichte durchdringt, als Indikator für den Prozess der Konstruktion der Professionalität der Erzieherin betrachten, so die oben zitierten Autoren: "Die Lehrerausbildung ist wahrscheinlich der sensibelste Bereich des Wandels im Bildungswesen: hier werden nicht nur Fachleute ausgebildet, hier wird ein Beruf geschaffen" (S. 26). In Bezug auf diesen Prozess der Bildung des Berufs und des Pädagogen stellt Novoa (1995) fest, dass die Identität des Pädagogen mit dem Prozess der Konstituierung des Lehrerberufs und dem Prozess des Aufbaus eines Berufs, des Lehrerberufs, verbunden ist, der gegenwärtig als Grundlage der beruflichen Bildung des Pädagogen verstanden wird.

Nach Cruz (2010),

> Die Ausbildung von Lehrkräften ist ein Instrument zur Wertschätzung der Arbeit und zur persönlichen und beruflichen Entfaltung. Dies gilt zwar für alle Bereiche, in denen Erzieherinnen und Erzieher tätig sind, ist aber für die frühkindliche Bildung noch offensichtlicher, da dieser Bereich noch dabei ist, seine Identität zu entwickeln. Diese Identität umfasst ein breiteres Spektrum an Verantwortlichkeiten (Betreuung und Erziehung des Kindes in seiner Gesamtheit

und eine stärkere Interaktion mit den Familien) und muss sich gleichzeitig als die einer pädagogischen Fachkraft etablieren. Das bedeutet, dass die Erzieherin, die in der frühkindlichen Erziehung arbeitet, eine spezifische Professionalität[1] aufbauen muss, die sich auf die differenzierenden Aspekte der Rolle der Erzieherin von Kleinkindern bezieht (S. 2).

Mit anderen Worten, die Lehrkraft für Kleinkinderziehung muss wie alle anderen auch ihre berufliche Identität als Teil der Kategorie der Lehrkräfte aufbauen. Da sich jedoch die Rolle des Erziehers von Kleinkindern von der Rolle des Erziehers anderer Stufen unterscheidet, muss er auch eine spezifische berufliche Identität aufbauen.

Wie bereits erwähnt, befinden sich die Erzieherinnen in Brasilien noch im Aufbau ihrer Identität. Derzeit wird davon ausgegangen, dass diese Identität durch eine Ausweitung ihrer Aufgaben gekennzeichnet ist (Betreuung und Erziehung des Kindes in seiner Gesamtheit und stärkere Interaktion mit den Familien), gleichzeitig aber auch Aspekte umfasst, die anderen pädagogischen Fachkräften gemein sind. "Die Rolle des Erziehers von Kleinkindern ähnelt in vielerlei Hinsicht der Rolle anderer Lehrer, unterscheidet sich aber in vielen anderen Punkten" (Oliveira-Formosinho, 2002, S.63).

Derselben Autorin zufolge ist der Beruf des Erziehers/der Erzieherin in der frühkindlichen Bildung einzigartig und ergibt sich aus den Merkmalen des Kleinkindes (Globalität und Verletzlichkeit des Kleinkindes), den Merkmalen des Arbeitskontextes (Betreuungskontext und pädagogischer Kontext des Kindes) und den jeweiligen Aufgaben sowie den Merkmalen des Prozesses und der Aufgaben, die von den Erziehern/Erzieherinnen ausgeführt werden (eine Professionalität, die auf einem Netzwerk erweiterter Interaktionen basiert).

In Brasilien wurde mit dem LDB von 1996 zum ersten Mal das Ziel der

Frühkindliche Bildung in Artikel 29:

Die frühkindliche Erziehung, die erste Stufe der Grundbildung, zielt auf die ganzheitliche Entwicklung von Kindern bis zum Alter von sechs Jahren in physischer, psychischer, intellektueller und sozialer Hinsicht ab und ergänzt die Maßnahmen von Familie und Gesellschaft.

Nach Cruz (2010),

Es ist wichtig, darauf hinzuweisen, dass der Schwerpunkt auf der Entwicklung und nicht auf dem Lernen liegt; das notwendige Lernen ist das, was der Entwicklung dient und sie begünstigt. Außerdem wird auf die ganzheitliche Entwicklung der Person Bezug genommen. Daraus kann man schließen, dass das Kind im Mittelpunkt steht und nicht bestimmte Fächer (die Tatsache, dass es in unserem Land keinen obligatorischen Mindestlehrplan für diese Bildungsstufe gibt, unterstreicht dies). Andererseits muss, wie Oliveira-Formosinho (2001) betont, der globale Charakter der kindlichen Entwicklung, die Verletzlichkeit und die Abhängigkeit von der Familie, die Merkmale des Kleinkindes sind, bei den Überlegungen über eine angemessene pädagogische Arbeit in der frühkindlichen Erziehung berücksichtigt werden (S. 3).

Angesichts dieser komplexen Aufgabe legt dasselbe Gesetz fest, dass die Mindestausbildung für Lehrer, die in dieser ersten Phase der Grundschulbildung und in den ersten Klassen der Primarstufe arbeiten, diejenige ist, die in der Sekundarstufe im normalen Modus angeboten wird, obwohl es als gewünschte Ausbildung diejenige vorschreibt, die auf Hochschulniveau in einem Studiengang in Pädagogik durchgeführt wird, mit einem vollen Abschluss gemäß (Art. 62).

Pädagogisches Handeln, das die ganzheitliche Entwicklung von Kleinkindern in all ihren Aspekten fördert, erfordert zweifellos eine angemessene Ausbildung, die die Fachkräfte auf die Besonderheiten dieser Arbeit vorbereitet. Der Beitrag zur ganzheitlichen Entwicklung eines Kindes erfordert ein hohes Maß an Wissen, Fähigkeiten und Engagement seitens der Fachkräfte. Nach Cruz (2010),

> Die pädagogische Praxis des Erziehers von Kindern im Alter von null bis fünf Jahren umfasst u. a: die Verbindung von Betreuung und Erziehung; die Planung vielfältiger Erfahrungen, die den verschiedenen Aspekten der kindlichen Entwicklung Rechnung tragen; den Aufbau und die Aufrechterhaltung einer kooperativen und freundschaftlichen Beziehung zu den Familien; das Erlernen der Rolle eines Partners in der Entwicklung der Kinder, der diese anregt, aber nicht überstürzt; die integrierte Herangehensweise an die verschiedenen Wissensbereiche; die Verknüpfung des Erwerbs neuer Kenntnisse und Fähigkeiten durch die Kinder mit ihren tatsächlichen Wünschen und Bedürfnissen, um ein wirklich sinnvolles Lernen zu fördern; individuelle Betreuung der Kinder; besondere Aufmerksamkeit für emotionale Aspekte, insbesondere während der Eingewöhnungsphase im Kindergarten oder in der Vorschule; den Kindern die Möglichkeit geben und sie ermutigen, ihre Gefühle auszudrücken, ihre Autonomie, Neugier, Phantasie und Ausdrucksfähigkeit zu entwickeln und ihnen helfen, ihre kulturelle, rassische und religiöse Identität zu entwickeln (S. 5). 5).

Es liegt auf der Hand, dass es für schlecht vorbereitete Lehrer sehr schwierig ist, all diese Aufgaben ordnungsgemäß zu erfüllen. Leider lässt die Ausbildung sowohl auf der Sekundar- als auch auf der Tertiärstufe zu wünschen übrig, wie in dieser Arbeit dargelegt wurde. Trotzdem ist es notwendig, dass die Lehrer, die als solche eingestellt werden, über die im LDB festgelegte Mindestausbildung verfügen. Die Kommunalverwaltungen selbst stellen jedoch nach wie vor so genannte "Laien"-Erzieherinnen (ohne die gesetzlich vorgeschriebene Mindestausbildung) für die Arbeit in der frühkindlichen Bildung ein, weil sie billige Arbeitskräfte sind und keine besseren Arbeitsbedingungen verlangen können.

Wie bereits erwähnt, trägt dieser Mangel an Ausbildung zur beruflichen Abwertung der Erzieherinnen bei. Darüber hinaus sehen sich diese Fachkräfte in verschiedenen Gemeinden immer noch mit vielen Schwierigkeiten konfrontiert: Fehlen eines spezifischen Wettbewerbs, geringere Bezahlung als Erzieherinnen anderer Stufen, die die gleiche Ausbildung haben, prekäre Arbeitsbedingungen (Probleme mit Unterrichtsmaterialien, räumlichen Gegebenheiten, Anzahl der Kinder, für die sie zuständig sind, usw.) und fehlende Fortbildung, um nur einige zu nennen.

Nach Cruz (2010),

> Es lohnt sich, darauf hinzuweisen, dass sowohl das niedrige Qualifikationsniveau als auch die mangelnde Wertschätzung der Erzieherinnen und Erzieher eine gründlichere historische, kulturelle und soziale Analyse der Modelle der frühkindlichen Bildung erfordern, die im Laufe der brasilianischen Bildungsgeschichte entstanden sind, sowie der Rolle und der sozialen Funktion dieser Berufsgruppe in jedem aktuellen sozioökonomischen und politischen Kontext (S. 3).

2.3. Jüngste Änderungen in der Erstausbildung: Neue Lehrplanrichtlinien für den Pädagogikkurs und daraus resultierende Änderungen im URCA-Pädagogikkurs

Da es sich bei Brasilien um ein Land handelt, in dem die frühkindliche Erziehung und damit auch die pädagogische Ausbildung dieser Berufsgruppe noch sehr jung ist, kümmern sich MEC und CNE um die Ausbildung der Pädagogen, die als einer der wichtigsten Aspekte der pädagogischen Arbeit angesehen wird.

In diesem Sinne wurden Entschließungen vorgeschlagen, in denen die Leitlinien für die Durchführung dieser Ausbildung festgelegt wurden, die wiederum neu formuliert wurden, immer mit dem Ziel, dass diese Ausbildung einen starken Beitrag dazu leisten sollte, dass diese Fachkräfte immer kompetenter werden. So hat der Nationale Bildungsrat (CNE) im Jahr 2006 auf der Grundlage der verschiedenen Diskussionen des Nationalen Verbands für die Ausbildung von Erziehungsfachleuten (ANFOPE) die Nationalen Leitlinien für den Studiengang Pädagogik festgelegt (Beschluss Nr. 1 des CNE/CP vom 15. Mai 2006). In Artikel 1 wird der Zweck dieses Dokuments dargelegt:

> Diese Entschließung legt nationale curriculare Richtlinien für den Studiengang Pädagogik fest, die die Grundsätze, die Lehr- und Lernbedingungen und die Verfahren definieren, die bei der Planung und Bewertung des Studiengangs von den Organisationen des Bildungssystems und den Hochschuleinrichtungen des Landes zu beachten sind, wie in den Stellungnahmen des CNE/CP Nr. 5/2005 und 3/2006 (S.1) erläutert.

In diesem Dokument wird festgelegt, dass die Ausbildung des Berufspädagogen nicht nur den Unterricht, sondern auch die Mitwirkung an der Verwaltung und Bewertung von Bildungssystemen und -einrichtungen im Allgemeinen sowie die Konzeption, Durchführung und Überwachung von Bildungsaktivitäten umfassen sollte. Zweitens,

> Die curricularen Leitlinien für den Pädagogikkurs gelten für die Erstausbildung für den Unterricht in der frühkindlichen Erziehung und den ersten Jahren der Primarstufe, für die normale Ausbildung in der Sekundarstufe und für die Berufsausbildung, für den Bereich der schulischen Unterstützungsdienste sowie für andere Bereiche, in denen pädagogisches Wissen erforderlich ist. Die angebotene Ausbildung deckt den Unterricht, die Beteiligung an der Verwaltung und Evaluierung allgemeiner Bildungseinrichtungen sowie die Entwicklung, Umsetzung und Überwachung von Bildungsprogrammen und -aktivitäten ab (Idem, S.6).

Mit diesen Festlegungen machen diese Leitlinien deutlich, dass die Qualifikationen abgeschafft wurden und der Studiengang Pädagogik nun vollständig für alle ihm zugewiesenen Funktionen ausbildet: Unterricht, Verwaltung und Bewertung von Bildungseinrichtungen im Allgemeinen und die Ausarbeitung, Durchführung und Überwachung von Bildungsprogrammen und -aktivitäten. Der Pädagoge muss über eine Ausbildung verfügen, die ein großes Maß an theoretischem und praktischem Wissen umfasst, das während des gesamten Studiums vermittelt wird, wie in Artikel 3 des oben genannten Dokuments angegeben:

> Der Pädagogikstudent arbeitet mit einem Repertoire an Informationen und Fähigkeiten, das sich aus einer Vielzahl von theoretischen und praktischen Kenntnissen zusammensetzt, deren Vertiefung in der Berufsausübung auf den Prinzipien der Interdisziplinarität, der Kontextualisierung, der Demokratisierung, der sozialen Relevanz, der Ethik und der affektiven und ästhetischen Sensibilität beruht (Ibidem, S. 1).

Diese Ausbildung soll den Pädagogen helfen, in Schulen und an anderen Orten zu arbeiten, an denen ihre Anwesenheit, wie bereits erwähnt, erforderlich ist.

In Bezug auf Schulräume gelten die Curriculum Guidelines for Pedagogy Courses für die Erstausbildung von Lehrkräften in der frühkindlichen Bildung. In diesem Sinne heißt es in diesem Dokument, dass,

> Das Curriculum in der frühkindlichen Bildung, das sich mit den historischen, kulturellen und sozialen Grundlagen des Curriculums in dieser Bildungsphase befassen könnte; Modelle und curriculare Ansätze in der frühkindlichen Bildung; die Auswirkungen der nationalen Curriculum-Richtlinien für die frühkindliche Bildung auf die pädagogische Praxis; Wissen, Know-how und kulturelle Praktiken in der frühkindlichen Bildung; die Organisation der pädagogischen Arbeit; das Erlernen sozialer Praktiken, der Aufbau und die Erweiterung von Wissen durch Kinder in Kindergärten und Vorschulen (Wissen über die soziale Welt und die Natur; (Wissen über die soziale Welt und die Natur; mathematisches Wissen; Spiele und Spiel im Alltag in der frühkindlichen Bildung; visuelle und szenische Künste, Musik und Bewegung in den Prozessen der ästhetischen Bildung bei der Konstruktion der kindlichen Identität; Schriftkultur, Lese- und Schreibfähigkeiten und Kinderliteratur in Kindergarten und Vorschule; Arbeitsprojekte in der frühkindlichen Bildung); und die Einbeziehung von Kindern mit körperlichen, geistigen oder sensorischen Behinderungen, globalen Entwicklungsstörungen und Hochbegabung; Andersartigkeit und Beziehungen zwischen den Geschlechtern, ethnischen Gruppen und Generationen in der frühkindlichen Bildung (DCN, 2006, S. 6). 6).

Andererseits könnten neben den Fächern, die speziell auf die frühkindliche Bildung ausgerichtet sind, auch die anderen Fächer durch wichtige ergänzende Informationen zur Arbeit in diesem Bereich beitragen. Wie auch immer,

> Eines der Probleme, das in den Studiengängen, die bereits eine Ausbildung für die Erziehung von Kleinkindern anbieten, noch gelöst werden muss, ist die Tatsache, dass "die Fächer, die den Lehrplan des Pädagogikstudiums ausmachen, immer noch keine Inhalte mit Bezug zur frühkindlichen Erziehung in ihre Programme aufnehmen" (CRUZ, 2010, S. 7).

Ausgehend von diesen Bedenken und auf der Suche nach immer besserer Qualität schlägt der CNE die notwendigen Änderungen in den Pädagogikkursen in Brasilien vor, und Urca beginnt seinen Prozess der Neuformulierung, der sich auf verschiedene Momente stützt, wie das folgende Zitat zeigt.

> Zwischen 2002 und 2005 verfolgte der Vorstand des Bildungsministeriums die nationale Debatte über die Lehrplanrichtlinien, die den Studiengang Pädagogik leiten sollten. Gleichzeitig mit den Stellungnahmen der offiziellen Institutionen, der Pädagogen und der Wissenschaftler erörterte der Ausschuss einen Vorschlag für einen Studiengang, der den Anforderungen des heutigen Kontextes gerecht wird, ohne jedoch das Risiko zu vernachlässigen, sich von den in dieser Debatte vorgebrachten Ideen zu entfernen (PPP, 2007, S.3).

Im Fall von Urca "hielt der Vorstand des Erziehungsdepartements eine Reihe von Sitzungen und Debatten ab, um die notwendigen Klarstellungen für die Neuorganisation des Pädagogikkurses zu treffen" (Idem).

Vor diesem Hintergrund versuchte das Urca-Kollegium, die Debatte zu erweitern und verschiedene an diesem Thema interessierte gesellschaftliche Gruppen einzubeziehen. Im Jahr 2006 veranstaltete es das Pädagogik-Hörseminar, an dem Pädagogikstudenten, ehemalige Studenten, Grundschullehrer und Vertreter verschiedener Institutionen teilnahmen. Im selben Jahr wurde ein weiteres Seminar zum Thema Pädagogik abgehalten, an dem ausschließlich die Pädagogikstudenten von Urca teilnahmen, um das Kollegium des Studiengangs kennenzulernen und darüber nachzudenken, wie die notwendigen Änderungen am Studiengang vorgenommen werden können.

Erst im Jahr 2007, mit Blick auf den Kontext von Urca und in Übereinstimmung mit den vom CNE vorgeschlagenen curricularen Richtlinien, und nach einer langen Zeit der Reflexion durch das Kollegium des Erziehungsministeriums, wurde das politisch-pädagogische Projekt neu ausgearbeitet und der Lehrplan neu organisiert, hat der Pädagogik-Studiengang von Urca Änderungen an seinem pädagogischen Angebot vorgenommen, um die Kriterien des Bildungsministeriums für die Ausrichtung der Pädagogik-Studiengänge auf eine Ausbildung zu erfüllen, in der die frühkindliche Erziehung stärker in den Mittelpunkt gerückt wird, indem die theoretischen Studien und die Diskussionen über ihre Auswirkungen auf die pädagogische Praxis in dieser Phase der Erziehung vertieft werden.

Ein Punkt, der sich an dieser Universität durch die neuen nationalen Lehrplanrichtlinien für den Studiengang Pädagogik geändert hat, ist die Erhöhung des Mindestpensums für den Studiengang Pädagogik von 2.900 Stunden auf 3.200 Stunden. Dies wird im Pädagogisch-Politischen Projekt (PPP) für diesen Studiengang erläutert:

> In den Leitlinien heißt es, dass 2800 Stunden für Fächer, Seminare und Aktivitäten vorwiegend theoretischer Art vorgesehen sind; 300 Stunden für betreute Praktika, vor allem in der frühkindlichen Bildung und in den ersten Jahren der Grundschulbildung; und 100 Stunden für theoretisch-praktische Aktivitäten, die die Planung und schrittweise Entwicklung von Kursen, die Begleitung,

wissenschaftliche Initiierung und Erweiterung von Aktivitäten umfassen, die direkt von einem Mitglied des Lehrkörpers der Einrichtung betreut werden und sich aus Fächern, Wissensgebieten, Seminaren, wissenschaftlich-kulturellen Veranstaltungen und curricularen Studien ergeben oder damit verbunden sind (Ibidem, S. 6).6).

Infolge der Umstrukturierung des Studiengangs Pädagogik in Übereinstimmung mit den nationalen Lehrplanrichtlinien, die in der CNE/CP-Resolution Nr. 1 vom 15. Mai 2006 veröffentlicht wurden und die ein Arbeitspensum von 3200 Stunden/Klasse vorsehen, erfolgte eine Erweiterung von 8 auf 9 Semester mit insgesamt 3100 Stunden/Klasse, einschließlich 300 Stunden betreutes Praktikum und 100 Stunden ergänzende Aktivitäten.

Im Zusammenhang mit der Ausweitung des Arbeitspensums wurden Änderungen im Fächerangebot des Studiengangs Pädagogik in Urca vorgenommen: Von nur zwei Pflichtfächern, die spezifisch für die frühkindliche Erziehung sind ("Grundlagen der frühkindlichen Erziehung" und "Methodik der frühkindlichen Erziehung"), werden nun fünf Pflichtfächer und ein Wahlfach angeboten, wie aus den folgenden Tabellen 1, 2 und 3 hervorgeht, die die Lehrplanmatrix vor den in den Leitlinien für den Studiengang Pädagogik vorgeschlagenen Änderungen bzw. die in den Leitlinien von 2006 neu formulierte Lehrplanmatrix für den Studiengang Pädagogik in Urca und die Liste der Wahlfächer in diesem Studiengang zeigen.

TABELLE 1:
Urca Pädagogik Kurs Curriculum Matrix 2003

Betreff: Code	I SEMESTER	Kredit	Voraussetzun g)
CH002	Einführung in die Psychologie	4	
CH003	Einführung in die Soziologie	4	
CH005	Einführung in die Philosophie	4	
ED001	Einführung in das Bildungswesen	4	
ED046	Sportunterricht I	2	
ED076	Bildungsforschung I	4	
	II. SEMESTER		
ED007	Philosophie der Erziehung I	6	CH005
ED020	Bildung Gesetzgebung	4	
ED047	Sportunterricht II	2	ED046
ED073	Entwicklung des brasilianischen Bildungswesens	4	ED001
ED108	Soziologie der Bildung	6	CH003
	III. SEMESTER		

ED008	Philosophie der Bildung	4	ED007
ED013	Geschichte des Bildungswesens in Ceara und Cariri	4	ED001
ED114	Entwicklungspsychologie	4	CH002
CH 118	Statistik im Bildungsbereich	2	
LL049	Linguistik: Theoretische Annahmen	4	
	IV. SEMESTER		
ED009	Pädagogische Psychologie I (Lernen)	4	ED114
ED072	Computerressourcen im Bildungswesen	4	
ED084	Bildungsforschung II	4	ED076
ED121	Struktur und Funktionsweise der Grundbildung	5	ED020
LL067	Einführung in die Psycholinguistik	3	LL049
	V SEMESTER		
ED014	Didaktik I	5	ED008
ED097	Methodik der frühkindlichen Bildung	4	
ED099	Grundsätze der Schulverwaltung I	4	ED121
ED111	Grundlagen der frühkindlichen Bildung	4	ED114
ED122	Struktur und Funktionsweise der Grundbildung II	3	ED121
	VI. SEMESTER		
ED015	Didaktik II	6	ED014
ED098	Methodik in der Grundschule	6	ED122
ED100	Grundsätze der Schulverwaltung II	4	ED099
	VII. SEMESTER		
ED103	Methodik in der Grundschule	6	ED098
ED116	Schulmanagement in der Grundbildung (Praktikum)	8	ED100
ED117	Grundschulpraxis (Praktikum)	8	ED098
	VIII SEMESTER		
ED036	Curricula und Programme	4	
ED088	Bildungsbewertung	4	ED120
ED118	Grundschulpraxis (Praktikum)	8	
ED130	Praxis Grundlagen der Pädagogik	8	

	OPTIONAL		
ED093	Einführung in die Sonderpädagogik	4	
ED127	Kunst und Bildung	4	
ED125	Psychomotorik	4	

TABELLE 2:

Curriculare Matrix des URCA-Pädagogikstudiengangs nach den neuen Richtlinien der Curricularen Richtlinien Jahr 2007

Betreff: Code	I SEMESTER	Kredit	Voraussetzung
ED 201	Einführungsseminar in den Studiengang Pädagogik	02	
ED 202	Historische Grundlagen der Bildung	04	
ED 203	Philosophie der Erziehung I	06	
ED 204	Soziologie der Bildung	06	
ED 205	Bildungsforschung I	04	
	II. SEMESTER		
ED 206	Geschichte des brasilianischen Bildungswesens	06	ED 202
ED 207	Philosophie der Erziehung II	04	
ED 208	Pädagogische Psychologie I	06	
ED 209	Bildungsforschung II	04	ED 205
	III. SEMESTER		
ED 210	Bildungspolitische Maßnahmen	04	
LL 203	Linguistik I: Theoretische Annahmen	04	
ED 211	Pädagogische Psychologie II	04	ED 208
ED 212	Didaktik I	06	
ED 213	Bildungsforschung III	02	ED 209
ED 214	Thematisches Seminar I	01	
	IV. SEMESTER		
ED 215	Anthropologische Grundlagen der Bildung	04	
ED 216	Psychomotorik	04	
ED 217	Didaktik II	06	ED 212
ED 218	Bildungsforschung IV	02	ED 213

ED 219	Grundlagen der frühkindlichen Bildung I	04	
V SEMESTER			
ED 220	Lehrplantheorie	04	
ED 221	Geschichte und Grundlagen des Kunstunterrichts	04	
ED 222	Historische und kulturelle Grundlagen der Sonderpädagogik	04	
ED 223	Grundlagen der Bildungsbeurteilung in der Grundbildung	04	
ED 224	Grundlagen der frühkindlichen Bildung II	04	
ED 225	Thematisches Seminar II	01	
	VI. SEMESTER		
ED 226	Management der Grundbildung I	04	
ED 227	Monographie I	04	ED 218
ED 228	Didaktik der mündlichen und schriftlichen Sprache in der frühkindlichen Bildung	04	ED 224
ED 229	Didaktik der Mathematik in der frühkindlichen Bildung	04	ED 224
ED 230	Grundlagen der Grundschule	04	
	VII. SEMESTER		
ED 231	Didaktik der Natur- und Sozialwissenschaften in der frühkindlichen Bildung	04	ED 224
ED 232	Ökonomische Grundlagen der Bildung	04	
ED 233	Didaktik der portugiesischen Sprache in den ersten Schuljahren der Grundschule	04	ED 230
ED 234	Didatica da Matematica nas Sdries Iniciais do Ensino Fundamental	04	ED 230
ED 235	Grundbildungsmanagement II	04	ED 226
ED 236	Thematisches Seminar III	01	
	VIII SEMESTER		
ED 237	Didaktik der Naturwissenschaften in den ersten Klassen der Grundschule	04	ED 230
ED 238	Geschichtsunterricht in den ersten Jahrgangsstufen der Grundschule	04	ED 230
ED 239	Monographie II	04	ED 227

ED 240	Didaktik der Geographie in den ersten Klassen der Grundschule	04	ED 230
ED 241	Optional	04	
	IX SEMESTER		
ED 242	Präsentation Seminar Monographie	02	ED 239
ED 243	Jugend- und Erwachsenenbildung	04	
ED 244	Brasilianische Gebärdensprache	04	
ED 245	Bildung und Kultur der Afro-Descendants	04	
ED 246	Volksbildung und soziale Bewegungen	04	
ED 247	Optional	04	
	THEORETISCHE CREDITS INSGESAMT	187	1805 h
ED 248	Betreutes Praktikum in der frühkindlichen Bildung	06	ED 224
ED 249	Betreutes Praktikum in den ersten Jahren der Grundschule	06	ED 230
ED 250	Betreutes Praktikum im Bereich Grundbildungsmanagement	08	ED 226
	GESAMT-PRAKTIKUMSPUNKTE	20	300 h
	Ergänzende Aktivitäten I	07	
	GESAMTBETRAG DER KREDITE FÜR ERGÄNZENDE TÄTIGKEITEN	07	105 h
	GESAMTKREDITE FÜR DEN PÄDAGOGIKKURS	214	3210 h

TABELLE 3:

Wahlpflichtfächer

ED 251	Bildung und Umwelt	4 Credits / 60 h
ED 252	Bildung und Arbeit	4 Credits / 60 h
ED 253	Lehrmethodik in der Sonderpädagogik	4 Credits / 60 h
ED 254	Kunst/Bildung und soziale Bewegungen	4 Credits / 60 h
ED 255	Grundlagen des Theaters - Vorschulstufe	4 Credits / 60 h
ED 256	Grundlagen der bildenden Kunst - Frühkindliche Bildung	4 Credits / 60 h

ED 257	Grundlagen der bildenden Kunst - frühe Klassenstufen	4 Credits / 60 h
ED 258	Informations- und Kommunikationstechnologien im Bildungswesen	4 Credits / 60 h
ED 259	Aktuelle Themen: Geschlecht, Ethnizität und Rasse in Bildungsprozessen	4 Credits / 60 h
ED 260	Kinderliteratur und Geschichtenerzählen	4 Credits / 60 h
ED 261	Einführung in die Psychoanalyse	4 Credits / 60 h

Der Studiengang Pädagogik bietet eine breit gefächerte Ausbildung für eine Vielzahl von Qualifikationen: für den Unterricht in der frühkindlichen Erziehung und in den ersten vier Jahren der Primarstufe, für den Unterricht in pädagogischen Fächern in der Sekundarstufe und für die Arbeit in der Schulverwaltung der Grundschulen. Mit dieser Änderung des Vorschlags für den Studiengang Pädagogik in Urca soll jedoch der frühkindlichen Erziehung ein Platz im Studiengang eingeräumt werden, da dies die Grundlage für die Ausbildung der Fachkräfte ist, die in dieser Phase des Bildungswesens unterrichten werden.

Trotz der Anstrengungen, die in dieser Richtung unternommen wurden, zeigt eine erste Analyse bereits einige Schwächen auf. Zum Beispiel die Tatsache, dass die Absolventen dieses Studiengangs, der auf die Ausbildung zu Erzieherinnen und Erziehern vorbereitet, keine Fächer studiert haben, die sich spezifischer mit den Merkmalen des Kleinkindes befassen, die, wie Oliveira-Formosinho (2002) erwähnt, "die Grundlage der pädagogischen Praxis in der frühkindlichen Erziehung sind".

Mit dieser Änderung hat der Pädagogikkurs von Urca versucht, seine Struktur zu reorganisieren, um eine qualitativ hochwertigere Ausbildung für Pädagogen anzubieten, die nicht nur in der formalen Bildung, sondern auch in der nicht-formalen Bildung tätig sind, wie wir in dem folgenden Auszug aus dem PPP sehen können:

> Die nationalen Lehrplanrichtlinien fordern eine strukturelle Neuformulierung des Studiengangs Pädagogik, die die Ausbildung von Pädagogen auf ein Wissens- und Praxisfeld ausrichtet, das sie befähigt, in der formalen und nicht-formalen Bildung in einem Weltkontext zu arbeiten, der dem Dialog, der Erhaltung der Umwelt und den demokratischen, ethischen und moralischen Werten, die die Grundlagen einer emanzipatorischen Gesellschaft bilden, entgegensteht (2007, S. 4).

Die Änderungen, die im pädagogischen Vorschlag des Pädagogikkurses vorgenommen wurden, entsprechen jedoch immer noch nicht den Bedürfnissen der Personen, die zu Erzieherinnen und Erziehern ausgebildet werden sollen. Da dieser Studiengang eine Fachkraft auf eine Vielzahl von Tätigkeiten vorbereitet, ist es immer noch eine große Herausforderung, sie in allen Bereichen, die er abdecken soll, angemessen auszubilden.

3. Methodik

Die durchgeführte Forschung fällt in den Bereich der Sozialwissenschaften und ist nach Minayo (2002) im Wesentlichen qualitativ. In dieser Arbeit haben wir uns für die qualitative Forschung entschieden, weil diese Art der Untersuchung die Vielfalt der Bedeutungen, die im Bildungsbereich vorhanden sind, besser erfasst. Kurz gesagt, für den oben genannten Autor arbeitet der qualitative Ansatz an

> mit dem Universum von Bedeutungen, Motiven, Bestrebungen, Überzeugungen, Werten und Einstellungen, das einem tieferen Raum von Beziehungen, Prozessen und Phänomenen entspricht, der sich nicht auf die Operationalisierung von Variablen reduzieren lässt (S. 22).

Außerdem wurde die Auffassung vertreten, dass die qualitative Forschung am besten geeignet sei, weil sie komplexe soziale Phänomene untersucht, die sich in der Regel nicht quantifizieren lassen, und weil sie versucht, den sozialen und kulturellen Kontext zu verstehen. Mehrere Autoren heben die Vorteile dieser Art von Forschung hervor. Nach Neves (1996) zum Beispiel,

> (...) der Mangel an Erforschung eines bestimmten Themas in der verfügbaren Literatur, der deskriptive Charakter der Forschung, die wir durchführen wollen, oder die Absicht, ein komplexes Phänomen in seiner Gesamtheit zu verstehen, sind Elemente, die den Einsatz qualitativer Methoden vorteilhaft machen (...). Das Verstehen und Interpretieren von Phänomenen auf der Grundlage ihrer Bedeutungen und Kontexte sind Aufgaben, die bei der Produktion von Wissen immer präsent sind, was uns hilft, den Vorteil der Verwendung von Methoden zu erkennen, die uns helfen, eine umfassendere Sichtweise auf Probleme zu gewinnen, die einen direkten Kontakt mit dem Analyseobjekt beinhalten und einen anderen Ansatz zum Verständnis der Realität bieten (S. 4).

Derselbe Autor erklärt, dass das Ziel einer qualitativen Studie darin besteht, "die Bedeutung der Phänomene der sozialen Welt zu übersetzen und auszudrücken, indem die Distanz zwischen Indikator und Anzeige, zwischen Theorie und Daten, zwischen Kontext und Aktion verringert wird" (Idem, S.1). Bei einer qualitativen Untersuchung versucht der Forscher, die Realität zu interpretieren, und muss dazu in den Kontext der Situation eintauchen.

In Anbetracht der obigen Ausführungen fiel die Wahl auf eine Fallstudie, da sie eine intensivere und eingehendere Untersuchung ermöglicht. Die Fallstudie ist eine Strategie, die Präzision und Tiefe in den ursprünglichen Aspekten des untersuchten Falles sowie Konsistenz in den gewonnenen Daten ermöglicht. Durch die Vertiefung des untersuchten Falles können die verschiedenen Facetten des untersuchten Themas in ihrer sozialen, historischen und kulturellen Dimension erfasst werden. Auf diese Weise ist die Fallstudie, wie Ludke und Andre (1986) betonen, eine Studie, die darauf abzielt, die untersuchte Realität tief und detailliert zu interpretieren.

In dieser Studie wurde der Studiengang Pädagogik an der Universidade Regional do Cariri - URCA untersucht. Die Tatsache, dass dieser Studiengang einer der wichtigsten Hochschulstudiengänge für die Ausbildung von Erzieherinnen und Erziehern in der Region Cariri (Ceará) ist, war der Grund für die Wahl des Studiengangs für diese Studie.

In der durchgeführten Fallstudie war es notwendig, sich mit verschiedenen und manchmal widersprüchlichen Standpunkten zu dem untersuchten Kurs auseinanderzusetzen.

Diese Fallstudie begann mit der Sondierungsphase, die von grundlegender Bedeutung für die Klärung von methodischen Fragen und Grundzügen ist. In dieser Phase können Fragen über den Gegenstand, die Annahmen, den theoretischen Rahmen und andere relevante Fragen gestellt werden, die als Leitfaden für die durchgeführte Untersuchung dienen. Aus diesem Grund wurde bei der Vorbereitung dieser Untersuchung eine Sondierungsforschung durchgeführt, um Daten über den vorgeschlagenen Gegenstand zu sammeln, die Methodik und die Instrumente zur Datenerhebung festzulegen und sich dem Forschungsgegenstand zu nähern.

Für die Datenerhebung wurden folgende Instrumente eingesetzt: Dokumenten- und Literaturanalyse, halbstrukturierte Interviews.

Die Dokumentenanalyse wurde durch eine detaillierte Untersuchung der pädagogischen Vorschläge des Pädagogikkurses von Urca durchgeführt, da dieser Kurs erst kürzlich, im Jahr 2007, umstrukturiert wurde, was den Zugang zu den Dokumenten und Lehrplanvorschlägen in Bezug auf den Pädagogikkurs vor und nach den Änderungen ermöglichte, die aufgrund der vom CNE formulierten Lehrplanrichtlinien stattfanden.

Es wurden halbstrukturierte Interviews durchgeführt, die eine wesentliche Datenquelle für diese Studie darstellten. Sie waren wichtig, um eingehende und aussagekräftige Informationen durch die Äußerung der Positionen, Wahrnehmungen und Meinungen der Personen zu erhalten, die während der Feldforschung gehört wurden. In der Tat, nach Ludke und Andre,

> Ein gut durchdachtes Interview kann es ermöglichen, Themen zu behandeln, die sehr persönlicher und intimer Natur sind [...]. Es kann uns erlauben, tiefer auf Punkte einzugehen, die durch andere, oberflächlichere Erhebungsmethoden, wie z. B. Fragebögen, aufgeworfen werden. Es kann auch, und das macht es besonders nützlich, Informanten erreichen, die mit anderen Erhebungsmethoden nicht erreicht werden können, wie z.B. Personen mit geringer formaler Bildung [...] (LUDKE; ANDRE, 1986, S.34).

Die Interviews wurden von Skripten geleitet, die Fragen enthielten, die allen Befragten gemeinsam waren, und andere spezifische Fragen, die darauf abzielten, bestimmte Aspekte der Ausbildung und Erfahrung der Befragten zu erfassen. Es wurde sorgfältig darauf geachtet, dass die Fragen nicht zu Antworten zwingen, sondern im Gegenteil zu reichhaltigen, persönlichen

Aussagen führen sollten. Die Skripte sind im Anhang zu finden.

Es wurden drei Interviews durchgeführt. Bei den Befragten handelte es sich um zwei Lehrer aus dem Pädagogikkurs von Urca, einen Lehrer einer öffentlichen Einrichtung, der den Pädagogikkurs 2003 absolvierte, und einen Studenten des 9.

Der Ablauf des Interviews verlief reibungslos, wobei sich der Interviewer darum bemühte, dass sich die Befragten wohlfühlten und ihre Standpunkte klar und authentisch zum Ausdruck bringen konnten. Vor der Durchführung der Interviews wurde ein Gespräch geführt, um den Zweck der vorgeschlagenen Maßnahme zu klären, mit dem Ziel, eine größere Interaktion zwischen dem Interviewer und dem Befragten zu erreichen.

Es ist wichtig, die wichtige Rolle der Beobachtung während des Interviews hervorzuheben, da die nonverbale Kommunikation (Gesten, Blicke, Seufzer usw.) unübersehbare Anhaltspunkte waren, die eine Art Sprache für den Blick des Forschers darstellten. Mit Genugtuung ist auch zu erwähnen, dass die am Feldforschungsprozess beteiligten Personen sehr aufnahmefähig und verfügbar waren.

Es ist auch erwähnenswert, dass im Laufe der Feldforschung mehrere Versuche, sich zu treffen, gescheitert sind, insbesondere in Bezug auf das Interview mit den Koordinatoren des Pädagogikkurses in Urca, aufgrund verschiedener Verpflichtungen und unvereinbarer Zeitpläne. Vor allem die beträchtliche Entfernung zwischen dem Wohnort des Forschers und den Orten, an denen die Interviews stattfinden sollten, machte diese gescheiterten Treffen sehr mühsam. Die Motivation und das Interesse an der Forschung haben jedoch den Geist gestärkt und über diese und andere schwierige Situationen, die zu überwindende Hindernisse darstellten, hinweggeholfen.

Bei der Zusammenstellung der Daten wurden große Anstrengungen unternommen, um den Schwerpunkt der Untersuchung nicht zu verlieren und keine wesentlichen Informationen zu übersehen. Daher war es wichtig, alle Erkenntnisse, die mit Hilfe der verwendeten Instrumente gewonnen werden konnten (z. B. die Beobachtungen, die bei jedem Interview gemacht wurden), festzuhalten.

Bei der Datenanalyse wurde versucht, die Zusammenhänge zwischen den verschiedenen gewonnenen Daten und der zu dem untersuchten Thema recherchierten Literatur zu verstehen und herzustellen.

Für die Interviews wurden drei Personen mit unterschiedlichen Hintergründen und Erfahrungen ausgewählt: Die erste Person war ein Student, der sich im letzten Semester des

Pädagogik-Studiengangs in Urca befand, da er der Meinung war, dass dieser Student seine Meinung über den Prozess der Änderung des Curriculums im Studiengang äußern könnte; die zweite Person war ein Lehrer für frühkindliche Erziehung aus dem städtischen öffentlichen Schulsystem, der im alten Curriculum des Pädagogik-Studiengangs ausgebildet wurde und eine weniger spezifische Ausbildung für den Bereich der frühkindlichen Erziehung hatte, was sich wahrscheinlich in seiner beruflichen Vision und Praxis ausdrücken würde; Die dritte Person sollte der Koordinator des Studiengangs Pädagogik an der untersuchten Universität sein, aber aus wichtigen Gründen war dies nicht möglich, so dass wir beschlossen, zwei Lehrer aus dieser Abteilung zu befragen, da sie eine äußerst wichtige Rolle als Ausbilder von Erziehern spielen.

Diese Themen wurden ausgewählt, weil sie unterschiedliche Sichtweisen auf den Urca-Pädagogikkurs bieten. Diese Ansichten sind wichtig, um den Standpunkt jedes untersuchten Faches zu ergänzen und zu vergleichen, wobei immer eine Parallele zu den Zielen des pädagogischen Vorschlags des Kurses gezogen wird.

Der befragte Student, der sich im letzten Semester des Pädagogikstudiums in Urca befindet, ist etwa 20 Jahre alt und wurde ausgewählt, weil er sich im letzten Semester des Studiums befindet, weil er im Bereich der frühkindlichen Erziehung arbeitet und weil er bereits ein Praktikum an der Schule Sesc-Crato absolviert hat. Die Lehrerin für frühkindliche Erziehung aus dem öffentlichen Schulsystem der Stadt wurde ausgewählt, weil sie den alten Pädagogikkurs von Urca besucht hatte. Sie ist etwa 30 Jahre alt, unterrichtet Kleinkinderziehung im öffentlichen Schulsystem der Stadt Juazeiro do Norte und hat den Pädagogikkurs von Urca im Jahr 2003 abgeschlossen.

Es war nicht möglich, die derzeitige Koordinatorin des Pädagogikkurses in Urca zu interviewen, wie wir es uns erhofft hatten, aufgrund ihres Zeitplans und ihrer Verpflichtungen, so dass wir zwei Lehrer des Kurses kontaktierten: Professor Manuel Jose Pina Fernandes (Manoel Pina), ein Mann in den Sechzigern, der diesen Pädagogikkurs seit vielen Jahren unterrichtet, und Professor Edivone Meire Oliveira[1] , der an dieser Universität Fächer im Bereich der frühkindlichen Erziehung unterrichtet.

---

[1] Die Namen dieser Professoren wurden nicht genannt, da sie ihre Meinung mit einem Teil des Lehrkörpers von Urca austauschen und ihnen weder Vertraulichkeit noch Anonymität zugesichert wurde.

4. Urca's Pädagogikkurs und Lehrerausbildung für Bildung Kinder

Die Lehrkräfte des Pädagogikkurses von Urca sind der Meinung, dass die frühkindliche Erziehung das solide Fundament unserer Bildung ist: Wenn Kinder keine solide frühkindliche Erziehung erhalten, die in der Lage ist, den gesamten Aufbau von Wissen zu unterstützen, werden sie die Primar-, Sekundar-, Hochschul-, Postgraduierten-, Master- und Promotionsstudiengänge durchlaufen, ohne eine Wissensgrundlage aufzubauen. Laut Professor Edivone Meire,

> Rückblickend auf die Geschichte hatte die frühkindliche Erziehung das Ziel, sich um die Kinder der arbeitenden Klassen, der arbeitenden Mütter und der so genannten "unglücklichen" Kinder zu kümmern. Im Laufe der Zeit haben sich Betreuung und Erziehung untrennbar miteinander verbunden, und mit dieser gesellschaftspolitischen und pädagogischen Funktion und diesen Leitlinien, die sehr reichhaltig sind, weil sie sich mit ethischen, politischen und ästhetischen Grundsätzen als Grundlage für die gesamte Erziehung befassen. Diese Prinzipien haben mit globalen, erzieherischen, sozialen, ökologischen, kulturellen, demokratischen, sensiblen, kreativen und kritischen Fragen zu tun, weshalb ich diese Erweiterung für so wichtig halte. Diese Gesetzgebung ist schön, utopisch, aber wir bewegen uns vorwärts... Wenn wir nicht einen Traum im Leben haben! Ich weiß, dass sich die Dinge durch materielle Fragen entwickeln, aber auch durch Ideen (Professor Edivomeire).

Laut Professor Manoel Pina "ist die Kindergärtnerin ein Onkel, eine Krankenschwester, ein Psychologe, ein Kindermädchen, eine Lehrerin, alles andere als eine Erzieherin in diesem Stadium der Bildung. Sie müssen sehr gut ausgebildete, kompetente Fachleute sein!" Diese Lehrerin ist unsicher, was die Vorbereitung des Pädagogikstudiums in Urca angeht:

> Ich habe eine ganz andere Meinung als viele meiner Kollegen hier, ich will nicht sagen, dass sie für alle gleich ist. Was ist der Sinn eines Pädagogikstudiums, das Kindergärtnerinnen, Grundschullehrerinnen und andere ausbildet? Ist das die Funktion des Pädagogikstudiums? Und wir haben Leute, die das in Frage stellen... Ich meine uns, Antonio Novoa! Eunice Duran! Ich erhebe schwere Vorwürfe, dass der Pädagogikkurs niemanden für irgendetwas ausbildet... Wir haben viele andere Autoren, die das anzweifeln, und ich erlebe hier den Pädagogikkurs! Ich bin Lehrer hier bei Urca. Sie sehen also, ich empfinde diesen Mangel: Wir bilden nicht wirklich für die Pädagogik aus, die sich mit den Problemen der Erziehung befasst, und wir bilden auch nicht für den Lehrerberuf aus, auch nicht für Kindergärtnerinnen, auch nicht für Erzieherinnen, auch nicht für das Management, auch nicht für die Ausbildung von Fachkräften für die Arbeit im außerschulischen Bereich. Mit anderen Worten, diese Erweiterung des Pädagogen behindert auch den Fokus, behindert den Fokus und erweitert ihn in gewisser Weise, denn sie öffnet die Tür zu mehreren Bereichen gleichzeitig, und, widersprüchlich, wofür bildet das Studium eigentlich aus? (Professor Manoel Pina).

Laut Professor Edivone Meire und Professor Manoel Pina gab es nach der Reformierung des Pädagogikkurses von Urca im Jahr 2007 keine großen Unterschiede, abgesehen von der größeren Anzahl von Stunden für Praktika. Diese Lehrkräfte sehen in der Erweiterung des Pädagogikkurses die Lösung:

> Es müsste einen weiteren spezifischen Ausbildungskurs für Lehrer geben, wie es ihn in Europa gibt. Der Pädagogikkurs ist ein Kurs zur Ausbildung von Denkern (der Schulverwalter ist ein Denker, der darüber nachdenken muss, wie er seine

Schuleinheit, die Berater, die Koordinatoren, kurz gesagt, alle nicht unterrichtenden Funktionen der Schule verwalten kann). Das heißt nicht, dass der Lehrer kein Denker ist, aber er muss nicht nur denken, sondern auch vermitteln, was er weiß und was die Menschen lernen müssen. Dann hätten wir einen Studiengang, der Lehrer ausbildet, und einen, der Verwaltungsangestellte ausbildet, so dass wir möglicherweise viel besser vorbereitete Fachleute hätten. Ich glaube, es ist Saviani, der sagt, dass wir Kinder des 21. Jahrhunderts mit der Bildung des 19. (Professor Manoel Pina).

Die Interviews mit Maria[2] , einer Lehrerin im öffentlichen Schulsystem der Stadt, und Joao, einem Studenten im letzten Semester des Pädagogikstudiums in Urca, ergaben ein anderes Meinungsspektrum.

Es ist interessant zu erwähnen, dass Maria sich für die Früherziehung entschieden hat, weil sie gerne mit Kindern arbeitet und sich zufrieden fühlt, obwohl sie glaubt, dass Erzieherinnen und Erzieher sehr schlecht bezahlt werden. Der Student Joao hat sich für die frühkindliche Erziehung entschieden, weil er glaubt, dass "nur durch Bildung, nur durch einen guten Lehrer die Gesellschaft verändert werden kann".

Im Folgenden werden einige der Meinungen der beiden Befragten über die Funktion der frühkindlichen Bildung und die Rolle der in diesem Bereich tätigen Erzieherin dargestellt, bevor ihre Positionen zum Pädagogikstudium, zu dem sie Zugang hatten, beschrieben werden.

Für Maria ist die Funktion der frühkindlichen Bildung,

Die Voraussetzungen dafür schaffen, dass das Kind aus eigenem Antrieb und in seinem eigenen Tempo lernt, und dabei die Zeit jedes Einzelnen respektieren, denn man kann das Kind nicht zum Lernen zwingen, das Lernen geschieht auf natürliche Weise, und das Kind wird zu jemandem, der in der Lage ist, Projekte durchzuführen und auf seine eigene Weise mit der Umwelt und den Menschen zu interagieren, anstatt nur Aufgaben zu erledigen (Maria).

Joao ist der Meinung, dass die erste Phase der Ausbildung "die Aufgabe hat, den Schüler zu unterrichten, ihn wirklich zu erziehen und ihm das Gefühl zu geben, dass er für die Umgestaltung einer menschlicheren Gesellschaft verantwortlich ist". Er erklärt:

Ich glaube, dass die Kindergärtnerin diese Verantwortung hat, weil die Kinder sie von Anfang an sie weitergeben. Ihre Aufgabe wäre es, diese Verantwortung umzuwandeln und das Kind dazu zu bringen, seinen Wunsch, die Gesellschaft zu verändern, zu verwirklichen. (Joao).

Maria ist der Ansicht, dass die Aufgabe der Erzieherin darin besteht, den Kindern die Möglichkeit zu geben, sich in ihrer eigenen Zeit zu entwickeln. Außerdem muss die Kindergärtnerin "Geduld haben, Kinder lieben und körperlich stark sein". Er ist der Meinung, dass "all dies das umfasst, was wir eine Berufung nennen". Andererseits ist Joao der Meinung, dass dieser Beruf die Aufgabe hat, die Menschen zu bilden, denn,

Die Gesellschaft hat geschrien, wir brauchen mehr humane Menschen, deshalb

---

[2] Die Namen des Lehrers und des Schülers sind fiktiv, um ihre Anonymität zu wahren.

> glaube ich, dass das Kind von dem Moment an, in dem es sich verantwortlich
> fühlt, von dem Alter an, in dem es kämpft, die Aufgabe hat, zu einer humaneren
> Gesellschaft beizutragen, und nicht die ganze Verantwortung auf das Kind
> abwälzt, weil es noch zu jung ist.

Für Joao ist die frühkindliche Bildung das Fundament, und es ist Aufgabe der Grundbildung, die Kinder zu humanisieren. Diese Arbeit muss jedoch mit der Ausbildung der Lehrer beginnen. Im Falle des Pädagogikstudiums in Urca befassen sich die Fächer Psychologie, Philosophie und Soziologie mit der Frage des Menschen, wenn auch nicht in so spezifischer Weise, aber doch mit diesem Thema. Laut Joao besteht einer der wichtigsten Beiträge, die das Pädagogikstudium für diejenigen leisten kann, die Erzieher werden wollen, darin, die Kinder zu vermenschlichen.

Nach Ansicht von Professorin Maria war der Abschluss des Pädagogikkurses von Urca als Erstausbildung nicht zufriedenstellend.

> In der Tat ließ meine Ausbildung für meine Unterrichtspraxis viel zu wünschen
> übrig, ich war im Klassenzimmer verloren und wusste nicht, was ich tun sollte.
> Erst als ich anfing zu arbeiten und mit den Schulkoordinatoren zusammenarbeitete,
> lernte ich, wie es geht (Maria).

Obwohl Joao diesen Abschluss erst nach der Umsetzung des neuen pädagogischen Vorschlags gemäß den Leitlinien des CNE erworben hat, ist er ähnlicher Meinung wie Maria.

> Ich habe im SESC-Kindergarten gelernt, Kindergärtnerin zu werden, denn wenn es
> nach Urca gegangen wäre, wäre ich dort weggegangen wie alle anderen, die nicht
> die Chance hatten, etwas zu lernen, und ich denke immer an die Kinder, die diese
> Erzieherinnen haben (Joao).

Es ist leicht zu erkennen, dass Joao mit der Ausbildung, die er erhalten hat, nicht zufrieden ist, denn seiner Meinung nach hat ihm die Ausbildung in Urca nicht die notwendige Unterstützung für seine Praxis gegeben. Er sagt mit Nachdruck, dass er erst an der Sesc - Crato Schule für frühkindliche Erziehung gelernt hat, wie man Erzieher wird, obwohl er theoretische und praktische Fächer im Zusammenhang mit der frühkindlichen Erziehung studiert hat: "Ich wäre völlig unvorbereitet in ein Klassenzimmer gegangen, wenn ich nicht mein Praktikum an der Sesc Early Childhood Education School gemacht hätte".

Joao wies darauf hin, dass er im Rahmen seines Praktikums wöchentliche Arbeitsgruppen hatte, in denen die gesamte Praxis und die theoretische Grundlage für diese Aktion besprochen wurden: "Wir hatten Aktion - Reflexion - Aktion". Professorin Maria laɯbёɯ betonte die Beziehung zwischen Theorie und Praxis in der Lehrerausbildung. Ihr zufolge verfügen wir an der Universität über viel theoretisches Wissen, aber es fehlt an Praxis, denn, so die Lehrerin, "Wissen und Tun sind zwei verschiedene Dinge".

Es fällt auf, dass es eine Ähnlichkeit zwischen den Ansichten dieser Personen über die notwendige Beziehung zwischen Theorie und Praxis gibt. Beide führen das Fehlen dieses

Verhältnisses auf die Tatsache zurück, dass sie sich nicht auf die Arbeit mit Kindern in der frühkindlichen Erziehung vorbereitet fühlen. Ihrer Meinung nach ist dies ein Mangel in der von Urca angebotenen Ausbildung. Nach Pimenta (2002),

> "In der Praxis ist die Theorie anders". Im Zentrum dieser populären Aussage, die auf die Lehrerausbildung angewandt wird, steht die Erkenntnis, dass das Studium weder theoretisch grundlegend für die Arbeit des zukünftigen Lehrers ist, noch die Praxis zum Bezugspunkt für theoretische Grundlagen macht. Mit anderen Worten: Es fehlt sowohl an Theorie als auch an Praxis (S. 52).

Andererseits ist Joao der Meinung, dass die Änderung des pädagogischen Vorschlags für den Pädagogik-Studiengang von Urca dem Prozess der Ausbildung einer Fachkraft, die in der frühkindlichen Erziehung arbeiten kann, zugute kommt, da die Anzahl der Fächer in diesem Bereich, einschließlich der Praktikumsfächer, erhöht wurde. Wie bereits erwähnt, ist Joao jedoch nicht der Meinung, dass diese Änderungen, die aufgrund der Vorschläge des CNE vorgenommen wurden, zu einer wirklichen Veränderung der Qualität der Ausbildung geführt haben, die der Studiengang vorschlägt, gemäß dem, was in seinem PPP geschrieben steht, nämlich die Studenten "zu qualifizieren, um in der formalen und nicht-formalen Bildung zu arbeiten, wobei die Ausübung der Lehrtätigkeit" die obligatorische Grundlage ihrer Ausbildung und beruflichen Identität ist.

In diesem Sinne ist der Urca-Pädagogik-Absolvent ein Fachmann, der ausgebildet ist, um in den Bildungsprozess einzugreifen, indem er Lehrtätigkeiten (Unterricht in der frühkindlichen Bildung, der Grundschulbildung und den pädagogischen Ausbildungsfächern des Gymnasiums), Forschung und Beratung durchführt. Außerdem organisiert er Systeme, Einheiten, Projekte und formale und nicht-formale Erfahrungen; er produziert und verbreitet wissenschaftliches und technologisches Wissen über Bildung aus einer kritisch-diätischen Perspektive (PPP, URCA, 2007).

Auch Professorin Edivone Meire scheint mit dem Ausbildungsangebot in diesem Bereich unzufrieden zu sein, denn sie wünscht sich einen ausschließlichen Studiengang für frühkindliche Erziehung, um die Kompetenz der in diesem Bereich tätigen Lehrkräfte zu erhöhen. Sie hält es für notwendig, dass künftige Fachkräfte spezifischeres Wissen über die Kindheit und den Beruf der Kindergärtnerin haben. Ihrer Meinung nach "müssen Erzieherinnen, um kompetent zu sein, auch im gesellschaftspolitischen Bereich arbeiten, denn wenn sie nur im pädagogischen Bereich arbeiten, ist die Praxis sehr klein". Nach Ansicht von Professor Manoel Pina;

> Wir arbeiten mit sehr lebendigen Wesen (Kindern) und bereiten uns nur auf tote Wesen vor: Piaget, Vygotsky, Wallon. Mit anderen Worten, wir nehmen Maß an den Toten, um mit den Lebenden zu arbeiten. Wir denken also über die allgemeine Ausbildung dieser Fachleute nach und werden hier die Einrichtung eines Pädagogikkurses und eines Studiengangs für frühkindliche Bildung fordern.

Joao zufolge bringt die Änderung des Lehrplans für den Studiengang Pädagogik in Urca

Vorteile für die Ausbildung von Fachkräften, die in der frühkindlichen Erziehung arbeiten wollen, da die Zahl der Fächer in diesem Bereich, einschließlich der Praktika, erhöht wurde. Das bloße Angebot von mehr Fächern in diesem Bereich ist jedoch keine Garantie dafür, dass die Absolventen des Urca-Studiengangs Pädagogik angemessen für die Tätigkeit als Erzieher ausgebildet sind. Daher müssen die angebotenen Fächer in der Lage sein, den Studierenden die für ihre berufliche Tätigkeit erforderlichen Kenntnisse, Fähigkeiten und Werte zu vermitteln.

5. Abschließende Überlegungen

Das Hauptziel dieser Studie war es, die Eignung des Studiengangs Pädagogik für die Ausbildung von Erzieherinnen und Erziehern in der frühkindlichen Bildung am Beispiel der Universidade Regional do Cariri - URCA zu analysieren. Dieser Studiengang hat Änderungen in seinem pädagogischen Angebot erfahren, um ihn an die nationalen Lehrplanrichtlinien für den Studiengang Pädagogik (CNE/CP Nr. 5/2005) anzupassen, und es wurde versucht, sowohl das alte als auch das aktuelle Angebot kennenzulernen, um die wichtigsten Änderungen für die Ausbildung von Erzieherinnen und Erziehern, die in der frühkindlichen Bildung tätig sind, zu ermitteln. Es konnte festgestellt werden, dass sich die Ausbildung, die die Absolventen dieses Studiengangs befähigt, als Erzieherinnen und Erzieher zu arbeiten, stark verändert hat.

Ein weiterer Aspekt war die Analyse des politischen pädagogischen Projekts von Urca, um zu sehen, was dieses Projekt in Bezug auf die Qualität des Studiengangs im Vergleich zu dem, was in Kraft war, bevor der CNE im Jahr 2006 Änderungen an den Pädagogikkursen vorschlug, hinzufügt. Es wurde festgestellt, dass die Einrichtung die Gesamtzahl der Stunden für Themen im Zusammenhang mit der frühkindlichen Erziehung erhöht und zwei Wahlfächer aufgenommen hat, die sich ebenfalls auf diesen Bereich beziehen, wie z. B.: *Kinderliteratur und Geschichtenerzählen* und *Grundlagen der bildenden Kunst: Frühkindliche Bildung*. Die Verwendung der größeren Anzahl von Stunden für das durchschnittliche Praktikum bleibt gleich, es gibt keine großen Unterschiede, aber es gibt immer eine Anpassung, aber von einem allgemeinen Standpunkt aus gesehen gibt es keine großen Unterschiede.

Eine weitere Strategie zur Erreichung des Ziels dieser Studie war die Durchführung von Interviews mit zwei Lehrkräften des Pädagogikstudiums in Urca, mit einer Studentin im letzten Jahr des Studiums und mit einer Kindergärtnerin, die 2003 ihren Abschluss gemacht hat. Anhand dieser Interviews wurden die Meinungen dieser Personen über die im Studiengang Pädagogik in Urca angebotene und erhaltene Ausbildung erfasst. Dabei zeigte sich, dass die Meinungen der Befragten über diese Ausbildung in mehreren Punkten übereinstimmten, darunter die von den Befragten angeführte Unterscheidung zwischen Theorie und Praxis. In dem folgenden Auszug fragt Professor Manoel Pina nach dieser Ausbildung.

> Was bilden wir aus? Das wirkt sich auf die Studenten aus, weil sie diesen Mangel spüren. Wir sind in einem im Wesentlichen theoretischen Studiengang, und sie beklagen sich sehr über die Praxis. Ich habe ein Projekt, die Forschung, die ich betreibe, um zu versuchen, unsere heute

vergessene School of Application wiederzubeleben, die es hier einmal gab und die abgeschaltet wurde. Ich würde sie gerne wiederbeleben, denn sie ist seit mehr als 11 Jahren geschlossen. Eine Möglichkeit, Theorie und Praxis zusammenzubringen, wäre die Anwendung dessen, was wir lernen (Prof. Manoel Pina).

Es ist wichtig festzustellen, dass alle Befragten auf Bedürfnisse und Bedenken bezüglich des Urca-Pädagogikkurses in Bezug auf die Ausbildung von Erzieherinnen und Erziehern hinweisen. Was sind diese Bedürfnisse und Bedenken? Wir müssen über eine solche allgemeine Aussage hinausgehen.

Es ist erwähnenswert, dass die befragten Personen eine ähnliche Meinung über die Ergebnisse der Änderungen des pädagogischen Vorschlags für den Studiengang haben: Sie sind der Meinung, dass der Studiengang trotz aller Bemühungen des Kollegs in dieser Hinsicht den Absolventen keine Sicherheit in Bezug auf ihre pädagogische Praxis als Erzieherinnen gibt. Somit erfüllt der Studiengang nach Ansicht dieser Fächer nach wie vor nicht seine Funktion, Studierende zu Erzieherinnen und Erziehern auszubilden.

6. Referenzen

BRASILIEN. Ministerium für Bildung und Sport. **Verfassung der Föderativen Republik Brasilien:** verkündet am 5. Oktober 1988, Sao Paulo: Saraiva, 1988.

Ministerium für Bildung und Sport. **Statut der Kinder und Jugendlichen.** Gesetz 8.069 vom 13/07/1990. Verfügbar unter: www.planalto.gov.br/ccivil/leis. Abgerufen am: 20/03/2012.

Ministerium für Bildung und Sport. MEC/CNE. Entschließung CNE/CP 1/2006. **Legt die nationalen Lehrplanrichtlinien für den Studiengang Pädagogik fest.** Brasilia: 15. Mai 2006.

Ministerium für Bildung und Sport. Gesetz Nr. 9.394, vom 20. Dezember 1996. **Legt die Richtlinien und Grundlagen der nationalen Bildung fest.** Diario Oficial da Uniao, Brasilia, 20. Dezember. 1996. Gerais - Belo Horizonte, 2010.

Ministerium für Bildung und Sport. **Lei de Diretrizes e Bases da Educagao LDB**, Brasilia: 1996. Verfügbar unter:
http://portal.mec.gov.br/index.php?Itemid=548&id=12321&option=com content&view=article. Abgerufen am: 19/03/2012.

Ministerium für Bildung und Sport. Abteilung für Grundbildung. Abteilung für Bildungspolitik, Koordinierung der frühkindlichen Bildung. **Auf dem Weg zu einer Politik für die Ausbildung von Fachkräften in der frühkindlichen Bildung.** Brasilia: MEC/SEF/DPE/COEDI, 1994. Verfügbar unter:
http://proinfantil.mec.gov.br/apresentacao.htm.Acesso am: 28/03/2012.

Ministerium für Bildung und Sport. **Gesetzesdekret Nr. 5.452.** Staatsanzeiger der Union, 1. Mai 1943, Brasilia, 2012. Verfügbar unter:
http://www.jusbrasil.com.br/legislacao/anotada/2404227/art-389-par-1-consolidacao-as-leis-do-trabalho-decreto-lei-5452-43. Abgerufen am: 17/05/2012.

Ministerium für Bildung und Sport. MEC - **IBGE/Schulzählung.** DATASUS, 2004.

Ministerium für Bildung und Sport. ANFOPE - **Nationale Vereinigung für die Ausbildung von Bildungsfachleuten**. I Brasilianische Konferenz über Bildung an der PUC - Sao Paulo 1980. Verfügbar unter: portal.mec.gov.br/arquivos/pdf/conferencia_seb.pdf. Abgerufen am: 16/06/2012.

Ministerium für Bildung und Sport. **Bürgerhaus. ERLASS-LAW NO. 1.190, VOM 4. APRIL 1939.** Rio de Janeiro, veröffentlicht im Amtsblatt der Union in Abteilung 1 am 6. April 1939. Rio de Janeiro, 1939. Verfügbar unter: http://www.planalto.gov.br/CCIVIL   03/Decreto-Lei/1937-1946/Del1190.htm. Abgerufen am: 04/05/2012.

Ministerium für Bildung und Sport. **Nationale Lehrplanrichtlinien für die Ausbildung von Grundschullehrern**. CNE/CP-Entschließung Nr. 1 vom 18. Februar 2002. Brasilia, 2002. Verfügbar unter: http://portal.mec.gov.br/cne/arquivos/pdf/rcp01 02.pdfAufgerufen am: 18/03/2012.

Ministerium für Bildung und Sport. **Stellungnahme MEC/CNE/CP Nr. 3, von 2006**. Überprüfung der Stellungnahme Nr. 5 vom 20. Dezember 2005. Veröffentlicht im Diario Oficial da Uniao vom 11/4/2006. Brasilia, 2006. Verfügbar unter: http://portal.mec.gov.br/cne/arquivos/pdf/pcp003 06.pdfAufgenommen am 13/04/2012.

Ministerium für Bildung und Sport. **Nationales Ausbildungsprogramm für praktizierende Lehrer - PROFORMA^AO.** CNE/CEB-Beschluss 01/2003. MEC/SEEC- Sekretariat für Fernunterricht, 2003. Verfügbar unter: proformacao.proinfo.mec.gov.br/baselegal.asp. Abgerufen am 27/02/2012.

Ministerium für Bildung und Sport. **Nationaler Ausbildungsplan für Grundschullehrer. MEC/CNE, 2010. Verfügbar unter:** http://portal.mec.gov.br/pnfpeb. Abgerufen am: 16/05/2010.

CEARA, Ministerium für Bildung. **Curriculum Guidelines for Early Childhood Education**. Fortaleza: SEDUC, 2011.

COLLING. Graciele de Souza. Das **Verständnis von Erzieherinnen und Erziehern für Fantasiewesen und Kinderkulturen.** Null bis sechs, Florianopolis, Nr. 24, 2011,

ISSN 19804512. Dissertation. Verfügbar unter:
http://capes.gov.br/capesdw/resumo.html?idtese=20102741006011004P3.Acesso   em:
13/01// 2012.

CRUZ, Silvia Helena Vieira. **Aus- und Weiterbildung und die besondere Professionalität von Erzieherinnen und Erziehern in der frühkindlichen Bildung.** In: DALBEN, A., DINIZ, J. LEAL, L. SANTOS, L. (eds.) **Konvergenzen und Spannungen im Bereich der Lehrerausbildung und -arbeit**: Alphabetisierung und Alphabetisierung, Kunsterziehung, frühkindliche Erziehung, Portugiesischunterricht und Fremdsprachenunterricht. Belo Horizonte: Autentica, 2010.

CRUZ, Silvia Helena Vieira; PETRALANDA, M. (Org.). **Linguagem e educagao da crianga**. Fortaleza: Edigoes UFC, 2004 (Colegao Dialogos Intempestivos, v. 19).

CRUZ, Silvia H. V. (org.) **A crianga fala**: a escuta de criangas em pesquisas. Sao Paulo: Cortez, 2008.

KISHIMOTO, Tizuko Morchida. **Die Kindergärten und Vorschulen von Sao Paulo zu Beginn der Republik.** Research Notebooks. N° 64. Sao Paulo: FCC, 1994.

KRAMER, Sonia. **A política do pré-escolar no Brasil: A arte do disfarce**. 5. ed. Sao Paulo: Cortez, 1995.

LUDKE, Menga und ANDRE, Marli E. D. A de. **Forschung im Bildungswesen:** qualitative Ansätze. Sao Paulo: EPU, 1986.

KUHLMANN, Jr. Moysds. **Kindheit und frühkindliche Erziehung:** ein historischer Ansatz. Porto Alegre: Mediagao, 2. Auflage, 2001.

MANCHOPE, Elenita C. P. MARTELLI, Andre a Cristina. **Die Geschichte des Pädagogikstudiums in Brasilien: von seiner Gründung bis zum Kontext nach LDB 9394/96.** Pareceres CNE, Nr. 251/62 252/69. Elektronische Zeitschrift für Erziehungswissenschaften - RECE. ISSN 16773098. Band 3, Nr. 1, 2004. Verfügbar unter:
http://revistas.facecla.com.br/index.php/reped/article/view/517.   Abgerufen   am:

11/07/2012.

MINAYO, Mª Cecilia de Souza (Org.). **Pesquisa social: teoria, metodo e criatividade.** 21. Ed. Petropolis: Vozes, 2002.

NASCIMENTO. Cynthia de Souza Paiva. **Kreativität und Fantasiespiel in den Vorstellungen von Kindergärtnerinnen.** Rio de Janeiro, 2004. Dissertation verfügbar unter: http://capesdw.capes.gov.br/capesdw/resumo.html?idtese=200435031003010001P0. Abgerufen am: 13/01/2012.

NEVES, Josd Luis. **Qualitative Forschung: Merkmale, Nutzen und Möglichkeiten. Caderno de Pesquisas em Administragao.** Sao Paulo. Band 1, n 3, 1996. Verfügbar unter: http://www.ead.fea.usp.br/cad-pesq/arquivos/C03-art06.pdf. Abgerufen am: 15/05/2012.

NOVOA, Antonio. **Die Vergangenheit und die Gegenwart der Lehrer.** In: NOVOA, A. (Coord.) **Profissao professor.** Porto: Editora Porto, 1995.

ROSEMBERG, Fulvia. **Multilaterale Organisationen, der Staat und die Politik der frühkindlichen Bildung.** In: Cadernos de Pesquisa, Sao Paulo, n. 115, S. 25 - 63, Mar. 2002.

OLIVEIRA-FORMOSINHO, Julia. **Die spezifische Professionalität der frühkindlichen Erziehung und die Interaktionsstile zwischen Erwachsenen und Kindern.** In: OLIVEIRA- FORMOSINHO, Julia e FORMOSINHO, Joao (Orgs). **Associagao Crianga**: um contexto de formacao em contexto. Portugal: Livraria Minho, 2002.

PIMENTA, Selma Garrido (ORG.) **Pedagogia e Pedagogos: Caminhos e perspectivas.** Sao Paulo: Cortez & Moraes, 2002.

PINHEIRO, Geslani Cristina Grzyb. **Lehrerausbildung im Pädagogikkurs.** Parana: 2010. Band 03 / n. 03 Aug.-Dez. Dissertation verfügbar unter: http://www.scielo.br/pdf/es/v31n113/16.pdf. Abgerufen am: 04/03/ 2012.

PINTO, Daniella Basso Batista. **Lehrerausbildung an der Universität: der fragliche Pädagogikkurs**. Sao Paulo, 2009. Dissertation verfügbar unter: http://www.scielo.br/pdf/es/v31n113/16.pdf. Abgerufen am: 04/03/2012.

7. Anhänge

Interview-Skripte

Interview-Skript mit einem URCA-Pädagogikstudenten im Grundstudium

Block I

Name der befragten Person

(o): Datum:

Stadt:

Ort der Arbeit:

Block II

1. In welchem Jahr machen Sie Ihren Abschluss?

2. Warum haben Sie sich für diesen Bereich der frühkindlichen Bildung entschieden?

3. In welchem Alter sind die Kinder, mit denen Sie arbeiten?

4. Haben Sie schon einmal als Lehrer gearbeitet?

5. Welche Art von Einrichtung: öffentlich oder privat?

6. Welcher Altersgruppe gehörte Ihre Klasse an?

7. Wie lange haben Sie sich dort aufgehalten?

8. Wie fanden Sie diese Erfahrung?

9. Was ist Ihrer Meinung nach die Rolle der frühkindlichen Erziehung?

10. Was ist Ihrer Meinung nach die Aufgabe der Kindergärtnerin?

11. Gibt es Kenntnisse, die Sie Ihrer Meinung nach in Ihrer Ausbildung hätten lernen sollen, die aber nicht angeboten wurden? Nennen Sie diese(s).

12. Was war das Interessanteste an dem Kurs?

13. Wenn Sie könnten, was würden Sie an Ihrem Ausbildungsgang ändern?

14. Wie beurteilen Sie allgemein die Eignung des Kurses für die Arbeit als Kindergärtnerin?

Skript für ein Interview mit einem Lehrer für die frühe Kindheit

Block I

Name der befragten Person:

Datum:

Stadt:

Ort der Arbeit:

Block II

1. In welchem Jahr haben Sie Ihren Abschluss gemacht?

2. Warum haben Sie sich für diesen Bereich der frühkindlichen Bildung entschieden?

3. In welchem Alter sind die Kinder, mit denen Sie arbeiten?

4. Haben Sie schon einmal als Lehrer gearbeitet?

5. Welche Art von Einrichtung: öffentlich oder privat?

6. Welcher Altersgruppe gehörte Ihre Klasse an?

7. Wie lange haben Sie sich dort aufgehalten?

8. Wie fanden Sie diese Erfahrung?

9. Was ist Ihrer Meinung nach die Rolle der frühkindlichen Erziehung?

10. Was ist Ihrer Meinung nach die Aufgabe der Kindergärtnerin?

11. Beschreiben Sie einen herausragenden Aspekt Ihrer Erstausbildung für Ihre Lehrtätigkeit.

12. Was haben Sie in Ihrer Ausbildung gelernt, das Sie jetzt in der frühkindlichen Bildung anwenden?

13. Haben Sie das Gefühl, dass Ihnen bei Ihrer Arbeit in der frühkindlichen Erziehung Kenntnisse fehlen, die Sie in Ihrer Ausbildung hätten erwerben sollen?

14. Was sind die größten Schwierigkeiten in Ihrer Unterrichtspraxis?

15. Wissen Sie, auf welche pädagogische Strömung Sie Ihre Praxis stützen?

16. Gibt es Theorien, auf die Sie diese Praxis stützen? Wenn ja, zitieren Sie sie bitte. Warum haben Sie sie ausgewählt?

17. Erzählen Sie uns von anderen Kursen, die Sie zusätzlich zu Ihrer Erstausbildung besucht haben.

Interview-Skript mit dem Koordinator des Pädagogikkurses an der URCA

Block I

Name der befragten Person:

Datum:

Stadt:

Ort der Arbeit:

Block II

1. Haben Sie die Übergangsphase vom vorherigen Pädagogikkurs zum aktuellen Kurs (die Änderung des Lehrplans, den pädagogischen Vorschlag) verfolgt?

2 Ist Ihrer Meinung nach dieser "neue" Pädagogikkurs besser? In welcher Hinsicht?

3. Wie beurteilen Sie die Wirksamkeit eines Pädagogikkurses, wie Sie ihn belegt haben? die von Urca angeboten wird und die Studenten auf verschiedene Tätigkeitsbereiche vorbereitet (Koordinator, Manager, Lehrer für Kleinkinderziehung und Grundschullehrer).